Nancy DeMoss Wolgemuth y Tim Grissom han producido un magnífico estudio interactivo para quienes quieran profundizar más con Dios y experimentar la gracia y el empoderamiento de Cristo en cada área de sus vidas. *En busca de Dios* te ayudará a examinarte a ti mismo a la luz de las Escrituras y te llevará al trono de Dios, donde comprenderás que solo Él puede satisfacer tus necesidades más profundas, y solo Él es digno de tu adoración. Recomiendo encarecidamente esta obra.

RANDY ALCORN
Eternal Perspective Ministries

No hay nada más dulce que haber sido limpiados por el Espíritu de Dios a través de su Palabra; esto nos libra de todo lo que no sea agradarle a él. Si no sabes cómo encontrar esto en la Palabra de Dios, entonces *En busca de Dios* es el estudio que necesitas. Nancy y Tim te tomarán de la mano y te llevarán a la presencia de nuestro santo Dios, donde anhelarás ser santo como Él.

KAY ARTHUR
Precept Ministries International

El libro que tienes en tus manos es un recurso excelente que te ayudará en el proceso de buscar el rostro de Dios con la desesperación del ciervo que anhela las corrientes de agua (Salmos 42:1). Recomiendo este libro con todo mi corazón.

SUGEL MICHELÉN
Iglesia Bíblica del Señor Jesucristo

Si deseas experimentar una nueva visitación de Dios y si estás dispuesto a examinar tu vida bajo la luz de la Palabra de Dios, *En busca de Dios* es un recurso extraordinario. Los avivamientos individuales producen avivamientos en las iglesias y luego en las naciones; pero todo comienza cuando buscamos a Dios de forma personal.

MIGUEL NUÑEZ
International Baptist Church; Wisdom & Integrity Ministries

Un avivamiento a nivel nacional es extremadamente personal. De hecho, tan personal que comienza contigo y conmigo. *En busca de Dios* proporciona una guía íntima y esclarecedora para experimentar una vida santa, un alma bendecida desde lo alto y un corazón feliz que no puede evitar arder por el Señor Jesús.

JONI EARECKSON TADA
Joni and Friends

Vivimos en un mundo donde todos estamos buscando algo. Buscamos satisfacción en placeres, buscamos identidad en trabajos, buscamos paz en la seguridad económica; y estas búsquedas no escapan el pueblo de Dios. Todas son fatulas y dejan al ser humano vacío. Este recurso ayudará al lector a buscar lo que realmente necesita: a Dios. Estoy convencido de que las verdades compartidas en este libro te ayudarán a buscar a Dios de una forma profunda, que produzca un avivamiento en el individuo con la ayuda del Espíritu Santo. Los grandes avivamientos en la historia comenzaron con individuos; oro que Dios use esta valiosa herramienta para avivar a Su pueblo.

JOSELO MERCADO
Pastor, Iglesia Gracia Soberana

Hay libros que calan el alma, y eso fue lo que me sucedió con "En busca de Dios". Este es un estudio que no nos deja como nos encuentra. Cada capítulo nos confronta con la verdad de la Escritura, nos revela el estado de nuestro corazón y nos muestra el camino a seguir para vivir esa vida llena del Espíritu que tanto anhelamos. Sus páginas nos llevan a poner la mirada en el único que satisface nuestro ser y transforma el corazón, el Dios verdadero que encarnó en Cristo Jesús.

WENDY BELLO
Maestra bíblica y autora

La vida de un hijo de Dios no consiste en escalar niveles espirituales hasta alcanzar cierta posición privilegiada espiritual. Consiste en conocer y disfrutar cada vez más al Dios Creador y Redentor, quien es la fuente de toda vida. Ya seas un nuevo creyente o un creyente maduro, "En busca de Dios" te entrenará en las prácticas y actitudes que facilitan la obra del Espíritu Santo para producir en ti un avivamiento; una comunión íntima con Dios y un gozo profundo. Esta herramienta y sus autores han pasado la prueba del tiempo y han salido como oro. ¡Aprovecha este don!

SUSAN BIXBY
Maestra bíblica y productora del Podcast "Crianza Reverente"

EN BUSCA DE

NANCY DEMOSS WOLGEMUTH

Y TIM GRISSOM

EN BUSCA DE

EL GOZO DE UN AVIVAMIENTO EN LA RELACIÓN PERSONAL CON DIOS

UN ESTUDIO BÍBLICO DE 12 SEMANAS

MOODY PUBLISHERS
CHICAGO

Los autores han agregado el énfasis en los versos de las Escrituras.

Publicado en asociación con la agencia literaria de Wolgemuth & Wilson.

Maquetación: PuckettSmartt
Diseño de portada: Faceout Studio

ISBN: 978-0-8024-3409-8

Esperamos que disfrutes de este libro de Moody Publishers. Nuestro objetivo es proporcionar libros y productos de alta calidad que inviten a la reflexión y que conecten la verdad con tus necesidades y desafíos reales. Para obtener más información sobre otros libros y productos escritos y producidos desde una perspectiva bíblica, visita www.moodypublishers.com o escribe a:

Moody Publishers
820 N. LaSalle Boulevard
Chicago, IL 60610

3 5 7 9 10 8 6 4

Impreso en China

Índice

Introducción

¿Estás cansado de intentar ser un buen cristiano? ¿Estás sobrecargado y agotado con las actividades de la iglesia? ¿A veces sientes como si estuvieras llevando una vida cristiana por inercia? ¿A menudo te encuentras vacío espiritualmente? ¿Experimentas más pesadez o vergüenza que gozo y libertad en tu vida cristiana? Si respondiste de forma afirmativa a cualquiera de estas preguntas, tal vez Dios te esté llamando a algo más profundo. ¡Quizás estés listo para experimentar un avivamiento personal!

Bienvenido a *En busca de Dios*, un estudio interactivo diseñado para llevarte a una relación renovada con nuestro amoroso Padre celestial. Dios quiere revelarse a tu vida. Él desea llenar tu corazón de su persona y liberarte de toda pasión pecaminosa. Quiere que bebas profundamente del gozo que hay en su presencia y que tu servicio para él sea el fruto de un amor genuino y de una vida auténtica. Dios quiere que reflejes su gloria en la oscuridad de nuestro mundo. ¡Él anhela que tú y toda su Iglesia experimenten un avivamiento!

Aclaración del término

Según tu contexto, la palabra «avivamiento» puede acarrear cierto significado o sonar como un concepto anticuado. Hay una variedad de acontecimientos a los que se le ha colocado la etiqueta de «avivamiento», incluyendo:

- una serie anual de reuniones religiosas (con actividades que van desde lo significativo y lo útil hasta lo extraño y antibíblico);
- campañas diseñadas para llegar a los no creyentes;
- temporadas de fervor religioso creciente y generalizado;
- y una reforma moral y social.

Si bien varios elementos de esta lista pueden estar presentes en tiempos de avivamiento, no llegan adecuadamente al corazón del verdadero avivamiento. El avivamiento no es un *evento* que podamos programar en el calendario; tampoco es un sinónimo de *evangelismo*, por más que, cuando se produzca el avivamiento, los incrédulos se conviertan y pasen a formar parte de la familia de Dios. Es más, aunque nuestras emociones estén involucradas, el avivamiento no debe confundirse con el mero *emocionalismo*. Y aunque no hay nada más emocionante que el hecho de que la Iglesia esté viva con la presencia de Dios, el avivamiento no necesariamente es sinónimo del *entusiasmo* que vemos hoy en muchas de las grandes reuniones cristianas.

Entonces, ¿qué es en verdad el avivamiento? ¿Para quién es? ¿Podemos influir en el lugar y el momento en el que se lleva a cabo? ¿Cómo podemos saber si es genuino? Analizarás estas y otras preguntas a medida que avances en este estudio.

La palabra «avivar» significa «dar vida». Para los fines de este libro, usaremos una definición simple: el avivamiento es lo que sucede cuando el pueblo de Dios, ya sea de forma individual o colectiva, es restaurado a una relación correcta con Él. El avivamiento es una obra sobrenatural de Dios, no es algo que podamos fabricar o empaquetar. En tiempos de avivamiento personal o colectivo, el pueblo de Dios experimenta Su presencia y Su poder como no lo había experimentado antes y en un nivel que tal vez no había creído posible. Una Iglesia avivada es el mejor medio para dar a conocer el gran plan redentor de Dios en todo el mundo.

En tiempos de avivamiento, el pueblo de Dios experimenta Su presencia y Su poder en un nivel que nunca había creído posible. Una iglesia en avivamiento es el mejor medio para dar a conocer el gran plan redentor de Dios en todo el mundo.

En su libro *Revival* [Avivamiento], Richard Owen Roberts dice:

> A pesar de la tremenda cantidad de actividades que hay hoy en los círculos religiosos, la Iglesia en sí es como un gigante dormido en un sentido muy real. [...] Cuando llegue el avivamiento, el gigante no solo se agitará y despertará, sino que también se moverá con un poder dinámico y generará un impacto glorioso. ¿Puedes imaginarte a todo el cuerpo de Cristo moviéndose por la tierra con un propósito unificado y el poder del Espíritu Santo? [...] Desata todo este poder transformador contra las fuerzas del pecado y el mal en tu comunidad; eso es avivamiento.[1]

La descripción que hace Roberts del avivamiento como el despertar de un gigante dormido, la Iglesia, se ha comprobado en momentos notables de la historia, tiempos en los que Dios reveló soberanamente su gloria y liberó el poder de su Espíritu de una forma inusual en su Iglesia y a través de ella. El lanzamiento inicial de *En busca de Dios* fue programado para conmemorar el centenario de una de esas visitaciones divinas.

«¡Que la Iglesia se incline y salve al mundo!» fue el grito que resonó en pueblos y ciudades de todo Gales.

Destellos de su gloria

Los inicios del siglo XX estuvieron marcados por una inusual preocupación por los asuntos espirituales. Los creyentes de todo el mundo se sintieron motivados a orar por avivamiento. En noviembre de 1904, el Espíritu de Dios comenzó a moverse de manera extraordinaria en los corazones de los creyentes de todo el Principado de Gales. Lo que sucedió durante los siguientes meses fue totalmente sobrenatural.

«*¡Que la Iglesia se incline y salve al mundo!*» fue el grito que resonó en pueblos y ciudades, en las iglesias y en los corazones de hombres, mujeres, niños y jóvenes de todo Gales.

Evan Roberts fue un instrumento humano que Dios usó en este tiempo de avivamiento. El fuego de Dios ardía en el corazón de este minero de veintiséis años con poca educación formal. Dondequiera que iba, Evan Roberts comunicaba un mensaje simple, directo y atemporal, conocido como «los cuatro puntos». ¿El pueblo de Dios deseaba un derramamiento de su Espíritu? Entonces debía cumplir con cuatro condiciones:

- Confesar todos los pecados conscientes.
- Desechar todo lo incierto y perdonar a todos.
- Obedecer las indicaciones del Espíritu Santo.
- Confesar públicamente a Cristo como su Salvador.

El impacto del avivamiento se sintió en todos los rincones de la sociedad.

Una de las características más marcadas del avivamiento galés fue un sentido ineludible de la presencia de Dios. Los servicios de la iglesia que habían sido fríos y formales comenzaron a latir con nueva vida. Tanto los creyentes como los incrédulos cayeron bajo una intensa convicción de pecado; la confesión y la restitución, a veces costosas, se convirtieron en lo más común. Las iglesias estaban llenas de gente día y noche, pero no gracias a publicidades, mercadotecnia u oradores o músicos famosos, sino porque la gente era atraída irresistiblemente por el Espíritu de Dios. En cinco meses, se habían sumado cien mil nuevos creyentes a las iglesias; cinco años después, el 80 % de los que habían profesado creer en Cristo continuaban en su fe.[2]

El impacto del avivamiento se sintió en todos los rincones de la sociedad: los negocios de juegos de azar y de alcohol perdieron clientes, se cerraron tabernas y burdeles, se pagaron deudas pendientes, se cancelaron o pospusieron grandes eventos deportivos por falta de interés, los jueces no tenían casos que juzgar, la tasa de natalidad ilegítima se redujo en un 44 % en dos condados y se tuvo que volver a entrenar a las mulas en las minas de carbón porque los mineros ya no usaban blasfemias al dar órdenes.

A medida que se difundió la noticia del avivamiento, Dios comenzó a moverse en otros países del mundo. Estados Unidos experimentó el desbordamiento de lo que Dios estaba haciendo en Gales. El 20 de enero de 1905, el titular de la portada del *Denver Post* decía: «Toda la ciudad hace una pausa para orar, aun con los negocios en alza». En Portland (Oregón), doscientos cuarenta grandes almacenes firmaron un convenio en el que acordaban cerrar sus puertas de 11 a. m. a 2 p. m. todos los días mientras sus clientes y empleados asistían a reuniones de oración. En Atlantic City, los ministros informaron que, de una población de cincuenta mil habitantes, solo cincuenta adultos no se habían convertido.

«¡Hazlo de nuevo, Señor!»

Pocas personas hoy en día han presenciado un avivamiento y un despertar espiritual a una escala tan magnífica, aunque Dios está haciendo una obra notable en ciertos rincones del mundo; pero hay un sentimiento creciente de anhelo y desesperación entre muchos creyentes por ver a Dios hacerlo de nuevo.

¡El Dios que mostró Su gloria en los grandes despertares del pasado puede convertir hoy el corazón de una nación como lo hizo hace cien años!

Creemos que el Dios de las Escrituras, el Dios que mostró Su gloria en los grandes despertares del pasado, es el mismo Dios que adoramos hoy. ¡Él no ha cambiado y puede convertir hoy el corazón de una nación como lo hizo hace cien años! Ni todos los males sociales y políticos que amenazan con destruir nuestro mundo ni todas las religiones falsas que compiten por la lealtad del corazón del hombre son rivales para nuestro Dios. Él está dispuesto a manifestarse a sí mismo y ansioso por mostrar Su gracia salvadora en este planeta perdido y pródigo. Pero primero, debemos tener una Iglesia avivada. Y

Si lo buscas de todo corazón, puedes estar seguro de que él te restaurará, renovará y avivará.

una Iglesia avivada está compuesta por miembros que han experimentado un avivamiento.

El salmista dijo: «[...] Viva su corazón, ustedes los que buscan a Dios» (Salmos 69:32). Si lo buscas de todo corazón, puedes estar seguro de que Él te restaurará, renovará y avivará, y ese avivamiento pronto alcanzará a otros. Dios no derrocha Su bondad en nosotros para que la disfrutemos solos. Hemos sido salvos para proclamar las virtudes de aquel que nos llamó de las tinieblas a su luz admirable (1 Pedro 2:9). Una persona, una familia, un grupo pequeño o una iglesia que se comprometa a buscar al Señor puede convertirse, sin importar su tamaño, en parte del gigante que Dios despertará y utilizará para difundir Su gloria y la fama de su nombre en todo el mundo.

Mientras lo buscas con todo tu corazón durante las próximas semanas, nuestra oración es que Dios se revele a ti de maneras nuevas, que avive tu corazón y que sea magnificado en tu vida y a través de ella.

Dios tenga piedad de nosotros y nos bendiga,
y haga resplandecer su rostro sobre nosotros,
para que sea conocido en la tierra tu camino,
entre todas las naciones tu salvación.
Salmos 67:1-2

[1] Richard Owen Roberts, *Revival* [Avivamiento] (Wheaton: Tyndale, 1982), pág. 20.

[2] Gran parte de la información sobre el avivamiento galés proviene de los escritos y de las enseñanzas del Dr. J. Edwin Orr (1912-1987), uno de los eruditos más destacados del siglo XX en la historia del avivamiento.

Cómo aprovechar al máximo este estudio

En busca de Dios es una guía para individuos o, idealmente, pequeños grupos de seguidores de Cristo que estén comprometidos a buscar a Dios en pos de un avivamiento en sus vidas y en nuestro mundo. El libro ha sido diseñado como un estudio de doce semanas, pero se puede adaptar a un período de tiempo más largo según las necesidades y deseos del grupo.

Recuerda: este es un estudio *interactivo*. Si bien contiene mucho material de lectura, también brinda la oportunidad de que cada persona reflexione y responda de forma personal. No dudes en hacer anotaciones y personalizarlo con tus propias ideas y preguntas.

Cada enseñanza se divide en cinco secciones diarias de estudio personal. Hay una sexta sección que brinda una guía para la interacción grupal. El estudio se puede realizar individualmente, sin un grupo pequeño, pero creemos que las ventajas de trabajarlo junto con creyentes de ideas afines te resultarán sumamente valiosas. Si aún no eres parte de un grupo que esté realizando este estudio, considera la posibilidad de pedirle a uno o a más amigos que te acompañen en este viaje.

En cada enseñanza encontrarás estos elementos:

- **Profundiza en la Palabra.** Lecturas bíblicas para quienes deseen meditar en otros pasajes bíblicos relacionados.
- **Historias que edifican la fe.** Historias verdaderas e inspiradoras de avivamiento personal. Estos testimonios revelan las experiencias de hombres y mujeres de orígenes diferentes. Los detalles de sus historias y los problemas particulares que enfrentaron pueden o no ser similares a los tuyos, pero los principios que aprendieron se pueden aplicar a tu vida sin importar el tiempo o la situación en la que te encuentres. Estas historias que edifican la fe harán que te familiarices con el tema de la enseñanza y te alentarán a creerle a Dios según lo que Él quiera hacer en tu vida.[1]
- **Encuentro con la verdad.** Estudios de pasajes bíblicos relacionados. La Palabra de Dios es nuestra guía y el Espíritu Santo es nuestro maestro. Estos pasos para encontrarte con la verdad te ayudarán a crecer en tu comprensión del corazón y de los caminos de Dios.

- **Aplícalo a tu vida.** Una lista de ejercicios o de preguntas para reflexionar y aplicar de forma personal. Estos segmentos te desafiarán a evaluar tus acciones y actitudes a la luz de la Palabra de Dios y te alentarán a aplicar lo que estás aprendiendo.[2]
- **Buscándole juntos.** Preguntas para orientar la discusión en grupo y el tiempo de oración. El cristianismo no se vive en soledad; las ideas y el incentivo de los demás son cruciales para buscar a Dios en pos de un avivamiento. El tiempo de estudio en grupo será más valioso si todos los participantes han leído y realizado la tarea diaria.
- **Versos para memorizar, puntos clave, consejos, Perspectiva adicionaly citas.** Material adicional que proporciona información de referencia útil, citas inspiradoras y versos relevantes para memorizar durante la semana.

Este estudio no tiene la intención de añadir a tu vida más cosas que deberías hacer. Más bien, su propósito es revelarte más de Dios y de sus caminos, exponer de a poco lo que hay en tu corazón y guiarte en un recorrido para que tengas una mayor libertad y plenitud, y para que des más fruto. Puede que sientas que el avivamiento es imposible para ti. ¡Pero anímate! Nuestro Dios es un Dios redentor y está obrando para hacer nuevas todas las cosas. Y él promete ir a nuestro encuentro cuando lo buscamos con todo nuestro corazón.

---

[1] El ministerio de Life Action se dedica llevar a las iglesias, ministerios, familias y creyentes de todo lugar hacia el avivamiento, la vitalidad y a unirse a la. misión de Jesús. Life Action provee una variedad de servicios, incluyendo conferencias en las iglesias, campamentos para familias, retiros de matrimonio, entre otras cosas. Visita www.LifeAction.org.

Desde 1971, los equipos de Life Action Ministries han llevado a cabo más de dos mil «cumbres de avivamiento» extendidas en iglesias locales y han guiado a la gente en torno a los temas clave de este estudio. La mayoría de las «Historias que edifican la fe» de este libro son relatos de personas que experimentaron un avivamiento personal en el contexto de esas reuniones. Las historias de las lecciones 4 y 9 surgieron del ministerio Aviva Nuestros Corazones, dirigido por Nancy DeMoss Wolgemuth. La historia de la lección 12 es del coautor del libro, Tim Grissom. Todos los nombres en estas historias han sido cambiados, excepto el de Tim y el de su difunta esposa, Janiece.

[2] Varias de las «Historias que edifican la fe» y algunos de los ejercicios de «Aplícalo a tu vida» se han adaptado, con permiso, del material publicado anteriormente en la revista *Spirit of Revival* de Life Action. Muchas de las secciones y listas de «Aplícalo a tu vida» que se encuentran en este estudio están disponibles para ser descargadas en SeekingHim.com y en ReviveOurHearts.com.

Guía a tu iglesia a través de este estudio

Desde que *En busca de Dios* se publicó por primera vez en inglés en 2004, hemos oído de muchos líderes de iglesias que han utilizado este estudio como una experiencia combinada para toda la iglesia. Para ayudar a los pastores y líderes de la iglesia a facilitar esto, un buen número de recursos para descargar están disponibles en **SeekingHim.com.** Estos incluyen bosquejos de sermones que se corresponden con el contenido del cuaderno de trabajo, imágenes y señalización digital para promocionar o utilizar en los medios, tarjetas con versos para memorizar, archivos PDF y hojas de trabajo complementarios, ideas de comunicación para utilizar dentro de la iglesia y videos y testimonios útiles. Algunos de estos recursos también están disponibles en otros idiomas.

Como verás en las páginas siguientes, *En busca de Dios* es sumamente personal y toca la esencia misma de lo que significa caminar con Dios de una manera significativa y fructífera. No obstante, buscar a Dios no es solo una búsqueda individual, sino que nos involucra a todos para que caminemos y crezcamos *juntos* como seguidores de Cristo. Esta búsqueda colectiva de Dios es esencial para que la Iglesia pueda cumplir su misión en el mundo.

En busca de Dios puede ayudarte como líder a preparar el escenario para que logren un alcance más definido, una obediencia renovada y una relación colectiva *más profunda con Jesús.*

¿Qué mejor lugar para renovar la visión, determinar la dirección y partir hacia la próxima temporada de la vida de la Iglesia que estando de rodillas y buscándolo juntos?

Comienza en SeekingHim.com

LECCIÓN 1

Avivamiento:

¿QUIÉN LO NECESITA?

El avivamiento del que hablaremos en este estudio es para el pueblo de Dios, para aquellos que por la fe en Jesucristo han recibido la salvación y le pertenecen a Él (las personas que no le pertenecen a Dios no pueden recibir el avivamiento; ¡primero deben nacer de nuevo!). Desde los días de Adán y Eva, el pueblo de Dios a menudo ha optado por resistirse a Su voluntad y rebelarse. Debido a Su gran amor, Dios sigue llamándolos para que vuelvan a tener una comunión íntima con Él. Su gracia, el deseo y el poder que nos da para regresar a Él, siempre va de la mano con su llamado al avivamiento.

Verso para memorizar

«[...] rompan la tierra para sembrar, porque es tiempo de buscar al Señor hasta que venga a enseñarles justicia».

(Oseas 10:12)

Profundiza en la Palabra

- 2 Reyes 22:8-13, 18-20
- Esdras 10:1-12
- Jeremías 3:19–4:4
- Santiago 4:4-10

Día 1: Historias que edifican la fe

1 ¿Por qué decidiste hacer este estudio? ¿Qué esperas al comenzar a buscar a Dios de una forma nueva? ¿Cuáles son tus miedos?

Lee la siguiente historia acerca de lo que aprendió un hombre que confiaba en sí mismo. Luego responde las preguntas a continuación.

> Yo era un hombre que en verdad tenía todo lo que siempre había querido: una familia hermosa, una casa preciosa, varias empresas exitosas y respeto en mi comunidad y en mi iglesia. Como el hombre rico y necio de la parábola de Jesús, mis «graneros» estaban llenos con abundancia (ver Proverbios 3:10), y me sentía muy bien. Ciertamente no veía la necesidad de ningún avivamiento en mi vida.
>
> Pero Dios conocía mi verdadera condición y me amaba lo suficiente como para hacer algo al respecto. Asistí a una serie extendida de servicios especiales que se llevaron a cabo en mi iglesia y, a través de la enseñanza de la Biblia, Dios comenzó a mostrarme mi ceguera y mi ruina espiritual. La verdad de la Palabra de Dios comenzó a confrontarme y el Espíritu Santo empezó a traer convicción de pecado en mí. Esto me resultó muy incómodo; de hecho, cuando en medio de la cumbre tuve que hacer un viaje de negocios por tres días, me sentí aliviado. ¡Pensé que me podía escapar del Señor! Pero ¿quién lo diría? El Espíritu de Dios fue conmigo. Fueron tres días miserables de convicción de pecado.
>
> El domingo siguiente por la mañana, el orador predicó sobre la historia bíblica de Naamán, el comandante en jefe del ejército sirio. Él era un líder rico que lo tenía todo, pero sufría de lepra. Naamán quería ser sanado, pero no quería hacerlo a la manera de Dios, así que hizo lo que yo habría hecho: tomó seis mil siclos de oro y trescientos cuarenta kilos de plata y fue a comprar la solución para su problema. Justo en medio de esta historia, el Espíritu de Dios me habló al corazón: «¡Eres como Naamán! Tienes lepra espiritual y necesitas ser sanado. Puedes ser restaurado, pero tendrás que hacerlo a mi manera».

«¡Pensé que me podía escapar del Señor! Pero ¿quién lo diría? El Espíritu de Dios fue conmigo».

día UNO

Me di cuenta de que era orgulloso, rebelde, ingrato e inflexible. Caí de rodillas y clamé a Dios como pude, preguntándole qué quería que hiciera. Sentí que me dijo: «Quiero dos cosas: sumisión y obediencia». Esas fueron palabras extrañas para mí, pero me sometí a su voluntad, confesé mi pecado y me arrepentí.

Dios me mostró de a poco que yo intentaba aferrarme a todas las cosas que estaba acumulando en lugar de confiar en que Él nos proveería. Comenzó a tratar conmigo sobre mis asuntos comerciales y financieros, lo que tuvo como resultado un cambio de valores radical y liberador para mi familia.

«Sentí que me dijo: "Quiero dos cosas: sumisión y obediencia"».

2 Identifica algunos de los factores externos e internos que provocaron el cambio espiritual en la vida de este hombre.

3 ¿Alguna vez has experimentado un encuentro con Dios como el que él describió? ¿Cuál fue el mensaje que necesitabas escuchar?

No somos los primeros seres humanos en descubrir que necesitamos un avivamiento personal. Oye el clamor del corazón del salmista muchas generaciones atrás:

> 6 *¿No volverás a darnos vida para que*
> *tu pueblo se regocije en ti?*
> 7 *Muéstranos, oh Señor, tu misericordia,*
> *y danos tu salvación.*
>
> 8 *Escucharé lo que dirá Dios el Señor,*
> *porque hablará paz a su pueblo, a sus santos;*
> *pero que no vuelvan ellos a la insensatez.*
> 9 *Ciertamente cercana está su salvación para los que le temen,*
> *para que more su gloria en nuestra tierra.* (Salmos 85:6-9)

Punto clave !

El avivamiento es para el pueblo de Dios que se ha desviado espiritualmente.

Consejo +

Si aún no lo has hecho, asegúrate de leer la introducción en las páginas viii-xii; eso te ayudará a comprender qué es el avivamiento.

4 Según estos versos, ¿quién necesita un avivamiento?

5 ¿Cuáles son algunos de los resultados del avivamiento en el pueblo de Dios?

Día 2: Encuentro con la verdad

ROMPE LA TIERRA

Para comenzar nuestro estudio, veamos el Antiguo Testamento, donde vemos claramente el deseo de Dios de restaurar a Su pueblo descarriado. Considera, por ejemplo, al profeta Oseas.

Dios envió a Oseas a profetizar a la nación de Israel. Aunque era el pueblo elegido por Dios, la nación se encontraba en un triste estado de decadencia espiritual y moral. Durante años habían disfrutado de las bendiciones de Dios: la abundancia material, la fuerza militar, las relaciones pacíficas con las naciones vecinas; pero aun así se alejaron de Él. Dejaron de ver a Dios como la fuente de Sus bendiciones y optaron por darse el crédito a sí mismos. Dejaron de adorar y amar a Dios, y lo reemplazaron con ídolos, búsquedas triviales y riquezas terrenales.

Fue a estos confusos compatriotas a quienes Oseas pronunció repetidas reprensiones y llamamientos. Si no regresaban al Señor, les advirtió, el juicio iba a llegar con certeza. Aquí está la esencia del mensaje de Oseas:

> 12 *Siembren para ustedes según la justicia,*
> *sieguen conforme a la misericordia;*
> *rompan la tierra para sembrar,*
> *porque es tiempo de buscar al Señor*
> *hasta que venga a enseñarles justicia.*
>
> 13 *Ustedes han arado iniquidad, han segado injusticia,*
> *han comido fruto de mentira.*
> *Porque has confiado en tu camino,*
> *en la multitud de tus guerreros.* (Oseas 10:12-13)

6 ¿Cuál fue la acusación de Oseas contra los israelitas?

____

____

____

____

____

____

____

Perspectiva adicional

Oseas profetizó en el reino del norte de Israel durante un período de rápido declive moral que terminó con la destrucción a manos de Asiria en el año 722 A.C. La familia de Oseas era un símbolo de la relación de Dios con su pueblo: su esposa era una prostituta (lo que representaba el adulterio espiritual), y sus hijos tenían nombres proféticos.

Punto clave

Si queremos volver a Dios, debemos estar preparados para romper el terreno duro y estéril de nuestra vida espiritual.

Perspectiva adicional

Los profetas del Antiguo Testamento confrontaban el pecado, advertían del juicio de Dios e instaban a la gente a arrepentirse.

7 ¿Qué crees que significa romper la tierra para sembrar?

La condición de muchas iglesias actuales es notablemente similar a la de la nación de Israel. De muchas maneras, nosotros también hemos abandonado a Dios y hemos intentado reemplazarlo con otros dioses (ídolos). Si Oseas predicara ahora, ¡apenas tendría que cambiar sus palabras! Podría decirle hoy al pueblo de Dios:

- Regresa a tu antiguo estilo de vida de rectitud, a una época en la que estabas cerca de Dios y obedecías su Palabra.
- Acepta la misericordia de Dios y perdona a quienes te han hecho mal.
- Permite que Dios are la tierra endurecida de tu corazón, sobre todo en aquellas áreas donde has descuidado su voluntad por mucho tiempo.
- Laméntate por tus pecados.
- Reflexiona sobre las consecuencias del pecado que estás sufriendo.
- Acepta la responsabilidad y admite que estas consecuencias son responsabilidad tuya.
- Haz que la búsqueda de Dios sea tu meta más alta.

Perspectiva adicional

La tierra para sembrar (el barbecho que una vez fue arado, pero ahora está desperdiciado) debe ser labrada (rota) con un arado afilado para que esté lista para la semilla y para que finalmente sea fructífera y productiva.

8 Con el mensaje anterior en mente, ¿alguna vez, desde que eres cristiano, has caminado más cerca de Dios de lo que caminas ahora? Si es así, ¿cuáles son algunas de las consecuencias que has sufrido como resultado de esta pérdida de intimidad espiritual?

Día 3: Encuentro con la verdad

EL AMOR DE DIOS NOS ATRAE

¿Por qué Dios quiere avivar nuestros corazones y restaurarnos a una relación más cercana con él? ¡Una de las principales razones es que nos ama!

Debemos tener cuidado de no entender mal (o tergiversar) el corazón y los caminos de Dios cuando estudiamos Su trato con su pueblo, sobre todo en el Antiguo Testamento. Debido a los numerosos relatos del juicio de Dios registrados allí, podríamos tener la impresión de que Dios estaba ansioso por castigar o que es duro, exigente e impaciente. Pero en realidad, es todo lo contrario. Los tiempos de juicio generalmente llegaban después de muchos *años* de suplicarle a su pueblo que regresara a Él.

Mira de nuevo el libro de Oseas. Dios dijo:

> 1 *Cuando Israel era niño, yo lo amé,*
> *y de Egipto llamé a mi hijo.*
>
> 2 *Cuanto más los llamaban los profetas,*
> *tanto más se alejaban de ellos;*
> *seguían sacrificando a los Baales*
> *y quemando incienso a los ídolos.*
>
> 3 *Sin embargo, yo enseñé a andar a Efraín,*
> *yo lo llevé en mis brazos;*
> *pero ellos no comprendieron que yo los sanaba.*
>
> 4 *Con cuerdas humanas los conduje,*
> *con lazos de amor,*
> *y fui para ellos como quien alza el yugo de sobre sus quijadas;*
> *me incliné y les di de comer. (Oseas 11:1-4)*

Luego, después de llevar a Su pueblo a experimentar un tiempo de disciplina y corrección, Dios volvió a insistir:

> 1 *Vuelve, oh Israel, al Señor tu Dios,*
> *pues has tropezado a causa de tu iniquidad.*
>
> 2 *Tomen con ustedes palabras, y vuélvanse al Señor.*
> *Díganle: «Quita toda iniquidad,*
> *y acéptanos bondadosamente,*
> *para que podamos presentar*
> *el fruto de nuestros labios.*

! *Punto clave*

El amor insondable de Dios por nosotros lo mueve a atraernos de regreso a él cuando nos hemos descarriado.

[3] *Asiria no nos salvará,*
no montaremos a caballo,
y nunca más diremos: "Dios nuestro"
a la obra de nuestras manos,
pues en ti el huérfano halla misericordia».

[4] *Yo sanaré su apostasía,*
los amaré generosamente,
pues mi ira se ha apartado de ellos. (Oseas 14:1-4)

9 ¿Cuándo empezó Dios a amar a Su pueblo?

- ❍ Después de que corrigieron sus actitudes.
- ❍ Después de que desahogó Su ira sobre ellos.
- ❍ Desde que Israel era niño, cuando comenzó a existir.

10 ¿Crees que Dios alguna vez dejó de amarlos?

- ❍ Sí, al menos por un tiempo.
- ❍ No. Dios siempre los amó, incluso cuando necesitaban disciplina.

Explica tu respuesta:

Los pasajes de Oseas 11 y 14 proporcionan instantáneas del antes, del durante y del después de cómo y por qué Dios aviva y renueva a Su pueblo. La constante en las tres etapas es su amor. Dios amó a Su pueblo cuando este era recién nacido («niño», en Oseas 11:1, significa literalmente «infante»); lo amó cuando el pueblo regresó a Él después de una temporada de rebelión y durante todo el proceso de corrección.

De hecho, fue Su amor por ellos lo que hizo que quisieran volver a Él. No volvieron a sentir amor por Él de repente ni recordaron de alguna forma cuán maravilloso era vivir con conciencia del amor de Dios. Lo que ocurrió fue que Dios *hizo* que volvieran a desear esa relación de amor. Él permitió que Su pueblo comprendiera no solo cuán equivocados habían estado y por qué Su disciplina era necesaria, sino también que Él los recibiría si regresaban, ya que nunca había dejado de amarlos.

Quizás tu corazón esté hambriento de intimidad con Dios, una intimidad que no has disfrutado en mucho tiempo o que tal vez nunca hayas experimentado. Aun ese deseo es originado por Dios. ¡Él quiere que vuelvas! ¿Por qué? Porque te ama y sabe que no puedes experimentar todo lo que Él tiene para ti en tu condición actual.

11 Escribe una oración agradeciéndole a Dios por Su amor fiel y por Su deseo de restaurar a Su pueblo cuando este se ha alejado de Él.

"¿Hubo un momento en tu vida cristiana en el que tu pasión por Cristo haya sido más fuerte? Si es así, es posible que necesites un avivamiento espiritual. Antes de que pueda haber un avivamiento en la iglesia, primero debe haber un avivamiento en ti."

—Greg Laurie

Día 4: Encuentro con la verdad

VOLVAMOS A NUESTRO PRIMER AMOR

El Nuevo Testamento también aborda nuestra necesidad como creyentes de regresar a Dios de todo corazón para que Él nos avive. El libro de Apocalipsis registra la visión del apóstol Juan. En esta visión, Jesús habla a siete iglesias. La iglesia de Éfeso había sido una vez un grupo vital de creyentes profundamente enamorados de Jesús. Ellos habían mantenido su pureza doctrinal, habían evitado las prácticas pecaminosas, habían trabajado duro y perseverado y estaban dedicados al servicio. Sin embargo, algo andaba mal. Después de elogiar sus fortalezas, Jesús habló de un asunto muy preocupante para Él:

> *4 Pero tengo esto contra ti: que has dejado tu primer amor. 5 Recuerda, por tanto, de dónde has caído y arrepiéntete, y haz las obras que hiciste al principio. Si no, vendré a ti y quitaré tu candelabro de su lugar, si no te arrepientes. (Apocalipsis 2:4-5)*

Punto clave !

Podemos recuperar nuestro primer amor por el Señor.

12 ¿Qué había hecho la iglesia de Éfeso que tanto desagradó al Señor? Expresa con tus propias palabras lo que significa dejar el primer amor.

13 ¿Cuáles son los tres verbos que ves en el mandato de Jesús? ¿Qué luz arroja esto sobre el proceso de avivamiento?

A lo largo de los años, los cristianos de Éfeso de alguna manera habían perdido de vista a Jesús. Su amor por Él había perdido su fervor, habían canalizado su afecto hacia otra parte, algo que les iba a costar caro si no se producía un cambio. Dios quiere que lo amemos en primer lugar y más que a todo lo demás. Si confiamos en las personas en lugar de en el Señor, esto indica que nuestro corazón se ha alejado de Él (Jeremías 17:5). El amor por las personas (amigos, familiares o incluso por nosotros mismos) puede competir con nuestro amor por Él (Mateo 10:37). Otros sustitutos de una relación de amor centrada en Dios pueden incluir el dinero, el placer, los amigos, el trabajo, los rituales religiosos, las enseñanzas de líderes respetados o el conocimiento bíblico sin una relación con Cristo.

El avivamiento no comienza cuando una persona rebelde y caprichosa decide regresar al Señor, sino más bien cuando el amoroso Padre celestial, en Su anhelo de que Su pueblo disfrute de la seguridad y protección de Su amor, llama a esa persona para que regrese a Él. Dios es el iniciador; el llamado al avivamiento es una súplica de amor del corazón de Dios.

14 ¿Has puesto tu amor por Dios en otro lugar? ¿Puedes identificar a los rivales que podrían estar compitiendo con tu amor por Él?

Perspectiva adicional

Éfeso, una ciudad importante en el oeste de Asia Menor (ahora Turquía), fue un centro del cristianismo primitivo. Pablo se estableció allí durante tres años, y se cree que el apóstol Juan pasó sus últimos años como obispo de Éfeso.

Día 5: Aplícalo a tu vida

> "Mientras nos conformemos con vivir sin avivamiento, lo haremos."
> —Leonard Ravenill

El avivamiento es la obra soberana de Dios, y Él elige cuándo y a quién se lo envía. Sin embargo, también es cierto que hay cosas que podemos hacer para prepararnos para el avivamiento en nuestras vidas. Prepararse para lo que Dios ha decidido hacer es un patrón que vemos a lo largo de las Escrituras. Por ejemplo, en la víspera de su entrada a la tierra prometida, Josué ordenó a los hijos de Israel: «[...] Conságrense, porque mañana el Señor hará maravillas entre ustedes» (Josué 3:5). De la misma manera, podemos preparar nuestro corazón para la renovación espiritual.

Las siguientes preguntas están diseñadas para revelar áreas específicas que debes considerar mientras te preparas para el avivamiento personal (así como colectivo). Su objetivo no es traer culpa, sino ser una herramienta útil. Responde cada pregunta de la manera más honesta posible; no te guíes por cómo eras antes o por lo que otros piensen de ti, sino basándote en lo que el Espíritu revela que es la condición actual de tu corazón.

Consejo 

Antes de comenzar a trabajar con la lista, haz la oración que aparece en Salmos 139:23-24: «Escudríñame, oh Dios, y conoce mi corazón; pruébame y conoce mis inquietudes. Y ve si hay en mí camino malo, y guíame en el camino eterno».

Si te alcanza el tiempo, lee los pasajes de la Biblia. Ponte de acuerdo con Dios acerca de cada necesidad que te revele y confiesa todo pecado que te muestre. Alábalo por su asombroso amor y por su poder para perdonar. No tengas prisa; dale tiempo a Dios para que te muestre cómo está tu corazón y tómate el tiempo que necesites para responder.

Preparando mi corazón para un avivamiento

1. Salvación genuina (2 Corintios 5:17)
   a. ¿Hubo algún momento en mi vida en el que me haya arrepentido genuinamente, haya estado consciente y me haya alejado de mi pecado?
   b. ¿Alguna vez deposité toda mi confianza en que solo Jesucristo podía salvarme?
   c. ¿Alguna vez me entregué por completo a Jesucristo como Maestro y Señor de mi vida?

2. La Palabra de Dios (Salmos 119:97, 140)
   a. ¿Tengo el deseo de leer y meditar en la Palabra de Dios?
   b. ¿Mis devocionales personales son constantes y significativos?

c. ¿Busco aplicar la Palabra de Dios a mi vida diaria?

3. Humildad (Isaías 57:15)

a. ¿Soy rápido para reconocer cuando he pecado y para ponerme de acuerdo con Dios en confesión?

b. ¿Soy rápido para admitir ante los demás cuando estoy equivocado?

c. ¿Considero que los demás y sus intereses son más importantes que yo y mis intereses?

4. Obediencia (1 Samuel 15:22; Hebreos 13:17)

a. ¿Soy rápido en obedecer cuando Dios me muestra algo en Su Palabra que le agrada o que no le agrada?

b. ¿Obedezco a las autoridades humanas que Dios ha puesto sobre mi vida?

5. Corazón puro (1 Juan 1:9)

a. ¿Confieso y abandono todos los pecados de los cuales soy consciente cuando Dios me da convicción de pecado?

b. ¿Estoy dispuesto a renunciar a todo pecado por Dios?

c. ¿Amo y me enfoco en las cosas que son verdaderas, puras y buenas?

6. Conciencia limpia (Hechos 24:16)

a. ¿Busco el perdón de aquellos quienes hice daño o a quienes ofendí?

b. ¿Tengo la conciencia limpia hacia los demás? ¿Puedo decir honestamente: «No hay nadie a quien haya hecho daño u ofendido de alguna manera sin que haya regresado a esa persona, pedido su perdón y arreglado las cosas»?

7. Prioridades (Mateo 6:33)

a. ¿Mi agenda revela que Dios es lo primero en mi vida?

b. ¿Mi forma de gastar el dinero revela que Dios es lo primero en mi vida?

8. Valores (Colosenses 3:12)

a. ¿Amo lo que Dios ama y odio lo que Él odia?

b. ¿Valoro las cosas que agradan a Dios? (Por ejemplo: estudiar Su Palabra, orar, dar, compartir el evangelio con otros, actuar con misericordia).

c. ¿Mis afectos y mis metas están arraigados en valores eternos?

> "El avivamiento despierta en nuestros corazones una mayor conciencia de la presencia de Dios, un nuevo amor por él, un nuevo odio por el pecado y un hambre por Su Palabra."
>
> —Del Fehsenfeld Jr.

> "El avivamiento no es un sentimiento o un entusiasmo que se pueda generar; más bien, es una invasión del cielo que trae al hombre una conciencia de Dios."
>
> —Stephen Olford

9. Sacrificio (Filipenses 3:7-8)

a. ¿Estoy dispuesto a sacrificar lo que sea necesario para que Dios se mueva en mi vida y en mi iglesia (tiempo, conveniencia, comodidad, reputación, placer, hábitos, etc.)?

b. ¿Mi vida se caracteriza por la generosidad y el sacrificio por Jesús y por los demás?

10. Control del Espíritu (Gálatas 5:22-25; Efesios 5:18-21)

a. ¿Estoy permitiendo que Jesús sea el Señor de cada área de mi vida?

b. ¿Estoy permitiendo que el Espíritu Santo llene y controle mi vida cada día?

c. ¿Hay evidencia creciente de que el fruto del Espíritu se está manifestando en mi vida?

11. Primer amor (Filipenses 1:21,23)

a. ¿Soy tan devoto de Jesús como lo he sido en el pasado?

b. ¿Estoy enfocado en Jesús y lleno de Su gozo y paz? ¿Es Él el objeto de mi afecto?

12. Motivos (Mateo 10:28; Hechos 5:29)

a. ¿Lo que Dios piensa de mi vida me importa más que lo que piensan los demás?

b. ¿Oraría, leería mi Biblia, daría y serviría como lo hago si solo Dios lo supiera?

c. ¿Me importa más agradar a Dios que ser aceptado y apreciado por los demás?

13. Pureza moral (Efesios 5:3-4)

a. ¿Mantengo mi mente libre de entretenimiento o de información que pueda estimular fantasías o pensamientos que no son moralmente puros?

b. ¿Mi conversación y mi comportamiento son puros y están de acuerdo con la Palabra de Dios?

14. Perdón (Colosenses 3:12-13)

   a. ¿Busco resolver los conflictos en mis relaciones lo antes posible?

   b. ¿Soy diligente para soportar y perdonar a aquellos que me hieren?

15. Evangelismo (Lucas 24:47-48; Romanos 9:3)

   a. ¿Tengo una carga por aquellos que no conocen o no siguen a Jesús?

   b. ¿Estoy alerta a las oportunidades de compartir el evangelio con los incrédulos?

16. Oración (1 Timoteo 2:1)

   a. ¿Soy fiel en orar por las necesidades de los demás?

   b. ¿Oro por un verdadero avivamiento en mi vida, en mi iglesia, en mi nación y en nuestro mundo?

17. Amor genuino (1 Corintios 13:1-8)

   a. ¿Exhibo las características del amor verdadero en mis relaciones con los demás?

   b. ¿Busco el bien de los demás por encima de mis propios intereses?

   c. ¿Trato a los demás como valiosos portadores de la imagen de Dios?

18. Compasión y bondad (Colosenses 3:12)

   a. ¿Demuestro compasión por los necesitados, vulnerables o marginados?

   b. ¿Me acerco para ministrar de maneras prácticas y satisfacer esas necesidades, aun cuando me cuesta o cuando los necesitados se encuentran en un estado demográfico o socioeconómico diferente al mío?

Buscándole juntos

Utiliza estas preguntas y actividades semanalmente para discutir en grupo el material que cada miembro ha completado durante la semana. Recuerda que todo intercambio personal debe ser confidencial. Esta es una oportunidad valiosa para aprender unos de otros y para animarse mutuamente a buscar al Señor de forma más intencional.

Inicio

1. ¿Por qué has decidido participar de este estudio sobre la búsqueda de Dios y el avivamiento personal?

Discusión

2. Antes de comenzar este estudio, ¿tenías alguna concepción negativa sobre el avivamiento? ¿Cómo resumirías el concepto de avivamiento descrito en este estudio?

3. Si leíste los pasajes de «Profundiza en la Palabra», ¿qué partes te animaron? ¿Te surgió alguna pregunta?

4. ¿Qué aprendiste del relato del hombre que confiaba en sí mismo en «Historias que edifican la fe»? ¿A qué cosas tiendes a aferrarte en busca de seguridad, a pesar de que te pueden ser quitadas fácilmente?

5. El profeta Oseas fue enviado a la nación de Israel. El pueblo se había apartado de Dios y lo había reemplazado con otras cosas. ¿Cuáles son algunas de las formas en que los cristianos de hoy reemplazan a Dios con otras cosas?

6. Lee Oseas 10:12-13 en voz alta. Revisa el resumen de siete puntos del mensaje de Oseas en la página 6. Si estás dispuesto, explícale al grupo cómo algún punto en particular podría aplicarse a ti.

7. Cuéntale al grupo acerca de alguien que conozcas o de quien te hayas enterado de que ha amado desinteresadamente a otra persona, a pesar de esa persona no merecerlo. ¿Cómo te ayuda este ejemplo de la vida real a comprender el amor de Dios por Sus hijos pródigos?

8. ¿Qué te dice acerca de Dios la idea de que Él es quien inicia un avivamiento en Su pueblo? ¿Qué te dice sobre ti?

+ *Consejo*

No te apresures a pasar por alto este pasaje o los puntos del resumen. Permite que Dios te hable a tu corazón y escucha y responde mientras el Espíritu Santo te examina.

Buscándole juntos

9. El objetivo de «Preparo mi corazón para el avivamiento» (Día 5) fue ayudarte a evaluar tu necesidad de avivamiento personal. Si te sientes cómodo, comparte alguna forma específica en la que Dios haya utilizado este ejercicio para revelar un área de necesidad en tu vida.

"El avivamiento no es solo un toque emocional; ¡es una toma de posesión completa!"

—Un creyente que experimentó el avivamiento recientemente

Ora por avivamiento

Hay gozo sin límite y recompensas interminables para los que caminan cerca de Dios y lo buscan. A continuación, verás ocho beneficios o resultados específicos del avivamiento personal. Haz que una o varias personas los lean en voz alta.

1. **El avivamiento restaura el primer amor.** En tiempos de avivamiento, el amor que una vez tuvimos por Dios se reaviva.
2. **El avivamiento reaviva el deseo por la Palabra de Dios, la oración, la alabanza y la obediencia.** A medida que experimentamos una mayor intimidad con Dios, esas disciplinas y actividades espirituales que antes temíamos se convierten en un deleite.
3. **El avivamiento resuelve conflictos.** La gracia de Dios nos permite humillarnos, admitir nuestras actitudes pecaminosas, perdonar a los que nos han herido y buscar el perdón de los que hemos ofendido. La reconciliación con Dios y con los demás es una señal de un verdadero avivamiento.
4. **El avivamiento repara los matrimonios rotos.** ¿Conoces alguna situación familiar imposible de resolver, como parejas al borde del divorcio o que estén profundamente amargados el uno con el otro pero que permanezcan juntos para mantener la apariencia? Cuando llega un verdadero avivamiento, ninguna situación es imposible de resolver.

5. **El avivamiento elimina la amargura, el miedo y la preocupación.** «Hemos visto más cosas ocurrir en su vida en cuatro días que en cuatro años de consejería». Un padre y una madre describieron de esta forma el cambio drástico en su hija adolescente, antes rebelde y sexualmente promiscua. Esta joven sintió una profunda convicción de pecado con respecto a la amargura que sentía hacia alguien que la había herido. Las razones de su rebeldía se volvieron evidentes cuando comenzó a reconocer sus heridas y a aceptar la responsabilidad de sus respuestas y acciones incorrectas. La ira y la amargura pronto dejaron de controlarla, y ella fue libre.
6. **El avivamiento renueva el espíritu.** ¿Sufres presión y ansiedad con frecuencia? ¿Te has dado cuenta de que las cosas a las que tiendes a recurrir en busca de alivio no te satisfacen ni eliminan el estrés? Según Hechos 3:19, los «tiempos de alivio» provienen de la «presencia del Señor». ¡Qué hermosa descripción del avivamiento! Dios nos invita a venir a Su presencia. Allí, solo allí, encontraremos un descanso genuino.
7. **El avivamiento renueva la mente.** Una persona avivada está marcada por un pensamiento centrado en Dios. Comenzamos a ver las cosas desde Su perspectiva y no desde nuestro propio punto de vista limitado.
8. **El avivamiento reforma la vida.** Alguien ha descrito el avivamiento como una toma de posesión completa en la que Dios regresa al lugar que le corresponde como Señor de nuestras vidas. Los viejos hábitos se eliminan y se establecen nuevos. El resentimiento y la desesperación son reemplazados por el gozo y la esperanza, y el perdón fluye libremente.

> "El avivamiento en la Iglesia es la mayor necesidad del mundo actual."
>
> —John Piper

¿Cuáles son los resultados específicos del avivamiento que necesitas y deseas ver en tu propia vida?

____

____

____

Buscándole juntos

Forma grupos de tres o cuatro personas y tómense un momento para orar unos por otros en una o más de estas áreas:

- **OREN** para que Jesucristo se convierta en el primer amor en cada corazón.
- **OREN** para tener un mayor deseo de leer y obedecer la Palabra de Dios y de adorarlo.
- **OREN** para que se resuelva cualquier conflicto pendiente.
- **OREN** para que cualquier conflicto familiar representado en su grupo sea solucionado.
- **OREN** para ser liberados de todo tipo de amargura, enojo y preocupación, y para que cada vida se caracterice por el amor, el perdón y la confianza centrada en Dios.
- **OREN** para que cada uno cultive el hábito de volverse a Dios cuando se enfrente a cualquier tipo de prueba.
- **OREN** para que Dios renueve sus mentes.
- **OREN** para que cada miembro del grupo experimente un verdadero avivamiento mientras lo buscan juntos en los días venideros.

LECCIÓN 2

Humildad:

ACÉRCATE A DIOS A SU MANERA

La gente siempre alaba la humildad, pero no siempre la busca. ¿Quién quiere restarse importancia a sí mismo? El mundo admira a los que son seguros y ambiciosos, ¡incluso a los orgullosos! Sin embargo, la humildad bíblica (reconocerse a sí mismo como un pecador ante el Dios santo) es un requisito previo para emprender el camino del avivamiento.

Verso para memorizar

«Porque todo el que se engrandece, será humillado; y el que se humille será engrandecido».

(Lucas 14:11)

Profundiza en la Palabra

- Salmos 8
- Proverbios 8:13; 11:2; 16:18; 29:23
- Miqueas 6:6-8
- Lucas 18:9-14
- Juan 13:1-17

Día 1: Historias que edifican la fe

1 ¿Alguna vez has conocido a alguien que fuera verdaderamente humilde? ¿Cómo se evidenciaba la humildad en su vida?

Lee la siguiente historia y responde la pregunta a continuación.

«¡Siete meses es mucho tiempo de espera cuando piensas que podrías ir a la cárcel!».

Yo era un esposo y padre exigente. Estaba convencido de que mi condición espiritual era buena, pero sentía que los miembros de mi familia tenían necesidades espirituales importantes. Creo que la razón por la que sus problemas me molestaban era porque me hacían quedar mal. Después de todo, yo era muy conocido en la comunidad y servía como diácono en nuestra iglesia. Quería que mi familia me hiciera lucir bien.

¡No hace falta decir que tenía un verdadero problema con el orgullo!

El avivamiento en mi vida comenzó cuando me sinceré con Dios. Él comenzó a trabajar en mí en silencio. Tenía problemas para dormir, y una noche estuve despierto toda la noche pensando en algo que había hecho varios años atrás y que había tratado de olvidar. Dios me estaba instando a ocuparme de algo que yo consideraba un caso cerrado. Sabía que si hacía lo que Dios me impulsaba a hacer, me arriesgaba a ir a la cárcel.

Me habían llamado como testigo en un juicio ante un tribunal federal. Molesto por los motivos poco honorables de una de las partes involucradas, decidí que dependía de mí ver que las cosas salieran bien. Por lo tanto, di intencionalmente respuestas vagas a preguntas directas. No dije toda la verdad como había jurado hacer. Así que aquí estaba yo, despierto en medio de la noche, tratando de razonar con Dios que era mejor dejar lo pasado. Ya era demasiado tarde. ¿De qué serviría?

¡Pero Dios no estaba de acuerdo! No importaban las otras áreas de mi vida que había rendido o las profundas luchas por el pecado que había confesado, este era el tema específico que Dios quería abordar. Finalmente dije: «Sí, Señor». Llamé a la oficina del juez y le expliqué mi situación a su asistente. Le dije que había faltado a la verdad en el estrado de los testigos y que Dios me había recalcado la necesidad de corregirlo. Estaba preparado para hacer lo que la ley requiriera o recibir el castigo que me correspondiera.

No recibí respuesta del juez durante siete meses. ¡Es mucho tiempo de espera cuando piensas que podrías ir a la cárcel! Pero todo fue parte del proceso de limpieza de Dios. Finalmente, me llamaron para que compareciera a una deposición, en la que sería interrogado por abogados de ambos lados. Después de esperar cinco meses más, por fin me informaron el resultado de esa reunión: ninguna de las partes deseaba reabrir el caso. ¡Era un hombre libre! En realidad, mi verdadera libertad había llegado el año anterior cuando Dios había comenzado a obrar en mi vida.

No todo ha sido alegría, pero muchas cosas en mi vida y en mi familia han cambiado a medida que Dios continúa quitando las capas de orgullo y desobediencia. Mi familia ahora parece querer mi liderazgo, un cambio real ya que antes yo exigía que lo aceptaran. Las debilidades y las necesidades de los demás no me molestan tanto. Siento una nueva compasión y paciencia hacia la gente, ahora que me he enfrentado a los esqueletos en mi propio armario. Y puedo dormir toda la noche.

«Dios continúa quitando las capas de orgullo y desobediencia».

2 ¿Qué marcas de orgullo ves en la vida de este hombre? ¿Qué marcas de humildad?

Para prepararlo para el avivamiento, Dios convence a Su pueblo de su pecado y lo llama a regresar a él. Un pasaje familiar del Antiguo Testamento describe cómo debemos responder a Dios si deseamos experimentar el avivamiento que Él desea enviar.

> *Y se humilla mi pueblo sobre el cual es invocado mi nombre, y oran, buscan mi rostro y se vuelven de sus malos caminos, entonces yo oiré desde los cielos, perdonaré su pecado y sanaré su tierra.* (2 Crónicas 7:14)

Perspectiva adicional

En su contexto inmediato, este pasaje de 2 Crónicas 7 está dirigido a la nación de Israel. Sin embargo, los principios que se encuentran aquí tienen una aplicación eterna para todos los creyentes.

3 Enumera las cuatro condiciones que Dios establece para Su pueblo en este pasaje de la Escritura.

4 ¿Cuál es la primera de las cuatro condiciones en 2 Crónicas 7:14? ¿Por qué crees que Dios puso esta primero?

Día 2: Encuentro con la verdad

LA PERSPECTIVA DE DIOS SOBRE EL ORGULLO

El orgullo, lo opuesto a la humildad, es el obstáculo más formidable para el avivamiento. El orgullo nos ciega a nuestra verdadera condición espiritual y nos valoramos más de lo que deberíamos. Cuando somos orgullosos, el «yo» se vuelve más importante que los demás. Cuando somos orgullosos, somos impulsados a promocionarnos y a proteger nuestra reputación. El orgullo nos mantiene alejados de Dios.

! Punto clave

El orgullo es un obstáculo para el avivamiento.

5 ¿Qué revelan los siguientes versos sobre el orgullo? ¿Cómo se manifiesta? ¿Cómo lo ve Dios? ¿Cuáles son las consecuencias de tener un corazón orgulloso?

Salmos 10:4 ____________________

Salmos 31:23 ____________________

Proverbios 8:13 ____________________

Proverbios 11:2 ____________________

Proverbios 16:18 ____________________

Proverbios 29:23 ____________________

Abdías 3 ____________________

Mateo 23:12 ____________________

Santiago 4:6 ____________________

6 El orgullo, claro está, no es algo menor para Dios. ¿Por qué crees que Dios se opone tanto al orgullo humano?

____

____

____

“El vicio esencial, el mal supremo, es el orgullo. La falta de castidad, la codicia, la borrachera y todo eso, en comparación, son totalmente inofensivas; fue a través del orgullo que el diablo llegó a ser el diablo. El orgullo conduce a todos los demás vicios: es el estado mental completamente contrario a Dios.”

—C. S. Lewis

A Dios le repugna el orgullo con la misma intensidad con la que le atrae la humildad, como muestra este verso.

> *«Porque así dice el Alto y Sublime que vive para siempre,*
> *cuyo nombre es Santo:*
> *"Yo habito en lo alto y santo,*
> *y también con el contrito y humilde de espíritu,*
> *para vivificar el espíritu de los humildes y para vivificar*
> *el corazón de los contritos"».* (Isaías 57:15)

7 ¿Qué crees que significa tener un espíritu contrito y humilde?

"La humildad nos libera para dar un paso hacia el llamado de Dios en nuestras vidas y nos libera de la preocupación por nosotros mismos."

—Hannah Anderson

8 Según este pasaje, ¿cómo responde Dios a los que son verdaderamente humildes?

Dios elige exaltar a los humildes, Él promete vivir en íntima comunión con ellos. Aquellos con corazones humildes son candidatos para el avivamiento.

9 Escribe una oración expresando tu respuesta a lo que has visto hoy en la Palabra de Dios sobre el orgullo y la humildad.

Día 3: Encuentro con la verdad

DOS REYES, DOS DECISIONES

La inclinación de nuestro corazón hacia el orgullo o hacia la humildad se manifiesta cuando Dios llama nuestra atención sobre algo en nuestra vida que no le agrada. Esto se ilustra en la vida de dos reyes del Antiguo Testamento: Roboam y Asa.

Roboam heredó el trono de Israel de su padre, Salomón. En medio de su reinado, Roboam tuvo problemas.

> [1] *Cuando el reino de Roboam se había afianzado y fortalecido, él abandonó la ley del Señor y todo Israel con él.* [2] *Y sucedió que en el año quinto del rey Roboam, debido a que ellos habían sido infieles al Señor, Sisac, rey de Egipto, subió contra Jerusalén* [3] *con 1,200 carros y 60,000 hombres de a caballo. Y era innumerable el pueblo que vino con él de Egipto: los libios, los suquienos y los etíopes.* [4] *Y tomó las ciudades fortificadas de Judá y llegó hasta Jerusalén.* [5] *Entonces el profeta Semaías vino a Roboam y a los príncipes de Judá que se habían reunido en Jerusalén por causa de Sisac, y les dijo: «Así dice el Señor: "Ustedes me han abandonado, por eso también Yo los abandono en manos de Sisac"».* (2 Crónicas 12:1-5)

El corazón de Roboam estaba lleno de pecado y de egoísmo, y había llevado a la nación lejos de Dios. El Señor levantó un enemigo para castigar a Roboam por su rebelión. Dios quería que Roboam entendiera por qué la nación estaba sitiada, así que envió a un profeta para que se lo explicara. Lee lo que sucedió a continuación.

> [6] *Y los príncipes de Israel y el rey se humillaron y dijeron: «Justo es el Señor».* [7] *Cuando el Señor vio que se habían humillado, vino la palabra del Señor a Semaías, diciendo: «Se han humillado; no los destruiré, sino que les concederé cierta libertad y mi furor no se derramará sobre Jerusalén por medio de Sisac.* (2 Crónicas 12:6-7)

10 ¿Cómo respondieron Roboam y los líderes del pueblo cuando fueron confrontados con su pecado?

___

___

___

___

! Punto clave

La forma en la que reaccionamos cuando somos confrontados con nuestro pecado revela la condición de nuestro corazón.

Perspectiva adicional

El faraón Sisac invadió Judá alrededor del 926 a. C., saqueó Jerusalén y obligó a Roboam a pagar tributos. La versión egipcia de esta invasión enumera los nombres de más de cien ciudades que Sisac («Sheshonk» en egipcio) afirmó haber capturado. Sin embargo, Jerusalén no fue destruida, y Judá conservó su condición de nación.

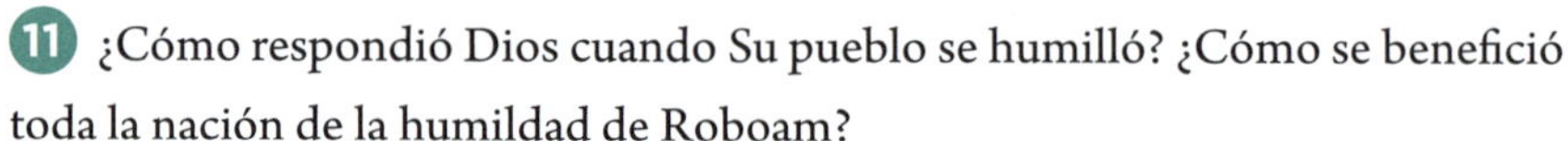

11 ¿Cómo respondió Dios cuando Su pueblo se humilló? ¿Cómo se benefició toda la nación de la humildad de Roboam?

Perspectiva adicional

Los israelitas cedieron repetidamente a la tentación de adoptar el culto cananeo, en el cual se usaban pilares para representar al dios Baal y se colocaban postes de madera para representar a la diosa Asera. Los «lugares altos» eran plataformas de piedra donde se llevaban a cabo rituales paganos.

Ahora veamos al nieto de Roboam, Asa, quien se convirtió en rey de Judá tres años después de la muerte de Roboam. Asa tuvo un reinado largo y (en su mayor parte) próspero. La Biblia registra muchas cosas positivas sobre Asa y su liderazgo. Comenzó su reinado dando algunos pasos de obediencia importantes.

> [2] *Asa hizo lo bueno y lo recto ante los ojos del Señor su Dios* [3] *porque*
> *quitó los altares extranjeros y los lugares altos, destruyó los pilares*
> *sagrados, derribó las Aseras.* [4] *También ordenó a Judá que buscara al*
> *Señor, Dios de sus padres y cumpliera la ley y el mandamiento de Él.*
> [5] *Quitó además los lugares altos y los altares de incienso de todas las*
> *ciudades de Judá. Y bajo él, el reino estuvo en paz.* [6] *Edificó ciudades*
> *fortificadas en Judá, ya que el país estaba en paz y nadie estuvo en*
> *guerra con él durante aquellos años, porque el Señor le había dado*
> *tranquilidad.* [7] *[...] Así que edificaron y prosperaron.* (2 Crónicas 14:2-7)

Sin embargo, con el tiempo, aun bajo el liderazgo piadoso de Asa, surgieron problemas en su reino. El ejército etíope se preparó para la batalla contra Judá. En su momento de angustia, Asa confió en el Señor. Clamó a Dios y, con su mano, derrotó al enemigo. Dios honró a Asa por su fe y afirmó su bendición sobre su liderazgo. Asa respondió con humildad y la determinación espiritual de la nación se profundizó (ver 2 Crónicas 15).

Varios años después, otro enemigo apareció y, esta vez, Asa respondió de manera diferente. En lugar de confiar en el Señor, Asa pidió ayuda a los sirios que estaban cerca. Dios envió a un profeta para reprenderlo por esta necedad.

día TRES

> 7 En ese tiempo el vidente Hananí vino a Asa, rey de Judá, y le dijo:
> «Por cuanto te has apoyado en el rey de Aram y no te has apoyado en
> el Señor tu Dios, por eso el ejército del rey de Aram ha escapado de
> tu mano. 8 ¿No eran los etíopes y los libios un ejército numeroso con
> muchísimos carros y hombres de a caballo? Sin embargo, porque te
> apoyaste en el Señor, él los entregó en tu mano. 9 Porque los ojos del
> Señor recorren toda la tierra para fortalecer a aquellos cuyo corazón es
> completamente suyo. Tú has obrado neciamente en esto. Ciertamente,
> desde ahora habrá guerras contra ti». (2 Crónicas 16:7-9)

12 ¿Por qué estuvo mal que Asa recurriera a los sirios en busca de ayuda contra sus enemigos?

A pesar de que se había equivocado mucho, Asa tuvo la oportunidad de humillarse, reconocer su error y recibir la misericordia de Dios. La Biblia continúa contándonos cómo respondió al profeta de Dios:

> 10 Entonces Asa se irritó contra el vidente y lo metió en la cárcel, porque estaba enojado contra él por esto. Por ese tiempo, Asa oprimió a algunos del pueblo.
>
> 12 En el año treinta y nueve de su reinado, Asa se enfermó de los pies. Su
> enfermedad era grave, pero aun en su enfermedad no buscó al Señor,
> sino a los médicos. 13 Y Asa durmió con sus padres. Murió el año cuarenta
> y uno de su reinado. (2 Crónicas 16:10, 12-13)

13 ¿Qué marcas de orgullo ves en este relato? ¿Cómo influyó el orgullo de Asa en sus respuestas y en su liderazgo?

"Odia el orgullo, huye de él, aborrécelo, ¡no dejes que more en ti!"

—C. H. Spurgeon

día TRES

14 Roboam y Asa se destacan por marcar un contraste entre la humildad y el orgullo.

¿Qué rey comenzó su reinado con orgullo y rebelión? ____________

¿Qué rey terminó su reinado con orgullo y rebelión? ____________

Ambos hombres pecaron. Ambos fueron confrontados con su pecado. Uno aceptó esta reprimenda como la forma de Dios de limpiarlo, el otro la recibió como un ataque a su reputación. La humildad restauró a Roboam; el orgullo arruinó a Asa.

15 ¿Cómo respondes normalmente cuando Dios usa a otros para señalar áreas de pecado o de fracaso en tu vida? ¿Es tu respuesta más parecida a la de Roboam o a la de Asa?

Día 4: Encuentro con la verdad

LA HUMILDAD ES NECESARIA

La humildad nunca ha sido popular ante los ojos del mundo. Si quieres salir adelante, el consejo para alcanzar el éxito es que confíes en ti mismo y que te autopromuevas. Sin embargo, en el reino de Dios (en especial en el proceso de avivamiento), la humildad y el quebrantamiento son esenciales.

Humillarnos a nosotros mismos es el primer paso que damos para acercarnos a Dios. ¿Pero cómo lo hacemos? Isaías brinda algunas instrucciones de su experiencia personal.

> *1 En el año de la muerte del rey Uzías vi yo al Señor sentado sobre un trono*
> *alto y sublime, y la orla de su manto llenaba el templo. 2 Por encima de él*
> *había serafines. Cada uno tenía seis alas: con dos cubrían sus rostros, con dos*
> *cubrían sus pies y con dos volaban. 3 Y el uno al otro daba voces, diciendo:*
>
> *«Santo, Santo, Santo es el Señor de los ejércitos,*
> *llena está toda la tierra de su gloria».*
>
> *4 Y se estremecieron los cimientos de los umbrales a la voz del que clamaba,*
> *y la casa se llenó de humo. 5 Entonces dije: «¡Ay de mí! Porque perdido estoy,*
> *pues soy hombre de labios inmundos y en medio de un pueblo de labios inmundos habito, porque mis ojos han visto al Rey, el Señor de los ejércitos».*
>
> *6 Entonces voló hacia mí uno de los serafines con un carbón encendido en*
> *su mano, que había tomado del altar con las tenazas. 7 Con él tocó mi boca, y*
> *me dijo: «Esto ha tocado tus labios, y es quitada tu iniquidad y perdonado tu pecado».* (Isaías 6:1-7)

16 Enumera los eventos en el orden en el que ocurrieron:

____ Isaías vio al Señor en su asombrosa santidad y majestad.

____ Isaías confesó su pecado.

____ Dios perdonó y purificó a Isaías.

____ Isaías reconoció la profundidad de su propia pecaminosidad y se sintió abrumado.

Perspectiva adicional

El rey Uzías murió en el 740 a. C. La muerte de este buen rey marcó un punto de inflexión ya que fue reemplazado por el malvado rey Acaz, quien condujo a la nación a la destrucción.

Punto clave

Ser conscientes de la santidad de Dios nos impulsa a reconocer nuestro pecado y a recibir el perdón de Dios.

> "Quienes conocen a Dios serán humildes; quienes se conocen a sí mismos no pueden ser orgullosos."
>
> —John Flavel

"Los hombres nunca se sienten debidamente conmovidos e impresionados por la convicción de su insignificancia, hasta que se ven contrastados con la majestad de Dios."

—R. C. Sproul

17 ¿Qué puedes aprender del avivamiento personal a partir de la experiencia de Isaías?

La visión de Isaías de Dios en el templo ilustra el proceso de avivamiento. Como Isaías, cuando adquirimos una nueva conciencia de la santidad de Dios reconocemos la profundidad de nuestra propia pecaminosidad. Con un corazón contrito y quebrantado, confesamos y abandonamos nuestro pecado. Dios responde a nuestra humildad con perdón; Él nos restaura y nos convierte en instrumentos que luego utiliza para cumplir Sus propósitos en nuestro mundo.

18 La transformación en la vida de Isaías comenzó con una visión de Dios. ¿Cómo cambian nuestras vidas cuando conocemos a Dios y vemos Su gloria y santidad? ¿Qué podemos hacer para obtener una perspectiva más clara y certera de Dios?

Día 5: Aplícalo a tu vida

«Los sacrificios de Dios son el espíritu contrito; al corazón contrito y humillado, oh Dios, no despreciarás» (Salmos 51:17). La siguiente lista contrasta el corazón de una persona orgullosa con el corazón de una persona humilde y contrita.

Pídele a Dios que te muestre qué características de un corazón orgulloso están presentes en ti. Encierra en un círculo el número que aparece junto a cada uno de esos elementos en la columna de la izquierda.

Las personas orgullosas...	Las personas humildes...
1. se enfocan en los fracasos de los demás;	1. se sienten abrumadas por su propia necesidad espiritual;
2. tienen un espíritu crítico, buscan los defectos, miran las fallas de todos los demás con un microscopio, pero las suyas con un telescopio;	2. son compasivas, pueden perdonar mucho porque saben cuánto se les ha perdonado;
3. tienen aires de superioridad moral y menosprecian a los demás;	3. consideran a todos los demás como más importantes;
4. tienen un espíritu independiente y autosuficiente;	4. tienen un espíritu dependiente y reconocen su necesidad por los demás;
5. tienen que demostrar que tienen razón;	5. no les gusta discutir;
6. reclaman derechos, tienen un espíritu exigente;	6. ceden sus derechos y tienen un espíritu manso;
7. mantienen una actitud defensiva con respecto a su tiempo, sus derechos y su reputación;	7. son abnegadas;
8. desean ser servidas;	8. se sienten motivadas a servir a los demás;
9. anhelan ser famosas;	9. se sienten motivadas a ser fieles y a hacer que los demás tengan éxito;
10. buscan la autosuperación;	10. desean promover a los demás;
11. son impulsadas por su afán de ser reconocidas y apreciadas;	11. son conscientes de su propia indignidad y son felices de que Dios llegue a utilizarlas;
12. se sienten heridas cuando otros son promovidos y cuando las pasan por alto;	12. anhelan que los demás obtengan el crédito y se regocijan cuando otros son exaltados;

"Ser consciente de cuán arrogante eres es el primer paso hacia la humildad."

—Jackie Hill Perry

"Un hombre verdaderamente humilde es consciente de la distancia natural que lo separa de Dios, de su dependencia de él y de cuán insuficientes son su propio poder y sabiduría"

—Jonathan Edwards

13. tienen un sentimiento inconsciente que dice: «esta organización tiene el privilegio de tenerme a mí y mis dones», piensan en lo que pueden hacer por Dios;	13. piensan en su corazón: «No merezco ser parte de esta obra», saben que no tienen nada que ofrecerle a Dios excepto lo que Él les permite hacer;
14. descansan en todo lo que saben;	14. tienen una actitud humilde por lo mucho que tienen que aprender;
15. son inseguras;	15. no se preocupan por ellas mismas;
16. mantienen cierta distancia con todos los demás;	16. están dispuestas a arriesgarse a acercarse a los demás y a amar profundamente;
17. son rápidas para culpar a otros;	17. asumen la responsabilidad y ven cuando se equivocan en una situación;
18. son inaccesibles o están a la defensiva cuando se las critica;	18. reciben críticas con un espíritu humilde y abierto;
19. están muy preocupadas por lo que piensan los demás, trabajan para proteger su propia imagen y reputación;	19. se enfocan en ser genuinas, no les preocupa lo que piensen los demás, sino lo que Dios sabe, están dispuestas a arriesgar su propia reputación;
20. tienen dificultad para compartir sus necesidades espirituales con los demás;	20. están dispuestas a ser abiertas y transparentes con los demás según lo indique Dios;
21. quieren estar seguras de que nadie se entere cuando han pecado, su instinto las lleva a encubrirlo;	21. se quebrantan y no les importa quién lo descubra, están dispuestas a exponerse porque no tienen nada que perder;
22. tienen dificultad para decir: «Me equivoqué, ¿podrías perdonarme por favor?»;	22. son rápidas para admitir el fracaso y para buscar el perdón cuando deben hacerlo;
23. tienden a generalizar cuando confiesan sus pecados;	23. son capaces de reconocer detalles específicos al confesar sus pecados;
24. se preocupan por las consecuencias de sus pecados;	24. sufren por la causa, la raíz de sus pecados;

25. tienen culpa por su pecado, lamentan que los descubran;

25. se arrepienten verdaderamente de su pecado y lo abandonan;

26. esperan a que la otra persona se acerque y les pida perdón cuando hay un malentendido o un conflicto en una relación;

26. toman la iniciativa para buscar la reconciliación cuando hay un malentendido o un conflicto en las relaciones, sin importar cuán equivocado haya estado el otro;

27. se comparan con los demás y se sienten dignas de honor;

27. se contrastan con la santidad de Dios y sienten una necesidad desesperada de su misericordia;

28. son ciegas a la verdadera condición de su corazón;

28. caminan en la luz;

29. no creen que tengan nada de qué arrepentirse;

29. comprenden que necesitan una actitud continua de arrepentimiento en su corazón;

30. no creen necesitar un avivamiento, pero están seguras de que todos los demás lo necesitan.

30. sienten continuamente la necesidad de un nuevo encuentro con Dios y de una nueva llenura de su Espíritu Santo.

Entonces, ¿cuál es tu nivel de orgullo? No debemos esperar a que Dios nos humille. Dios dice que nosotros debemos *humillarnos*; cuando lo hacemos, Él siempre está ahí con sus brazos abiertos de gracia y amor. Preséntate ahora ante Dios en oración.

- Ponte de acuerdo con Dios acerca de cada indicio de orgullo que te haya mostrado a través de este ejercicio.
- Pídele perdón por tu orgullo y comprende que este es, en verdad, un intento de ser como Dios.
- Pídele que siga revelando cualquier cosa que indique orgullo en tu vida.
- Pídele que te muestre los pasos prácticos que podrías dar para humillarte ante Él y ante los demás.

"Estoy convencido de que el amor y la humildad son los logros más elevados en la escuela de Cristo y las evidencias más claras de que él es en verdad nuestro Maestro."

—John Newton

[1] Hay paquetes de marcadores con la lista comparativa de personas orgullosas vs. personas humildes disponibles en SeekingHim.com.

Buscándole juntos

> "El orgullo está en la raíz de todos los demás pecados: envidia, contienda, descontento y todos los obstáculos que impiden la renovación."
>
> —Richard Baxter

Inicio

1. Para repasar:

- ¿Para quién es el avivamiento?
- ¿Porqué quiere Dios que Su pueblo experimente un avivamiento?
- ¿Quién comienza el avivamiento? ¿Nosotros o Dios?

Discusión

2. El hombre de la historia de esta semana dijo que el avivamiento personal no llegó a su vida hasta que se humilló ante Dios y ante los demás. ¿Por qué crees que la humildad es vital para el avivamiento? ¿De qué forma obstaculiza el orgullo un avivamiento?

3. ¿Por qué crees que la familia del hombre respondió mejor a su liderazgo una vez que él obedeció a Dios?

4. Nuestro estudio bíblico comparó a dos reyes, Roboam y Asa. ¿Qué aprendiste de las diferentes formas en que estos reyes respondieron a la Palabra de Dios?

5. ¿Cuáles son algunas de las formas en que el orgullo se manifiesta en nuestras vidas? ¿Cómo afecta nuestras relaciones con otros?

6. Lee 1 Pedro 5:5-7 en voz alta y analiza las siguientes preguntas: ¿Qué significa estar revestidos de humildad en el trato mutuo?

¿Cómo cambiarían nuestros hogares, nuestros trabajos y nuestras iglesias si todos los creyentes estuvieran revestidos de humildad?

¿De qué formas Dios se opone a los orgullosos?

¿Cómo responde Dios ante la humildad?

Buscándole juntos

«La humildad es el desplazamiento del «yo» y la entronización de Cristo. Hay humildad cuando Cristo es todo y el «yo» no es nada.»

—T. A. Hegre

¿En qué sentido la preocupación y la ansiedad son expresiones de orgullo en lugar de expresiones de humildad?

7. Isaías tuvo un encuentro con Dios que le cambió la vida cuando vio quién era Dios (ver Isaías 6). ¿Cómo podemos llegar a tener un conocimiento más acertado de Dios?

8. ¿Qué medios ha usado Dios para darte convicción de pecado en los últimos meses? ¿Cómo respondiste?

9. ¿Cómo te habló Dios mientras leías la lista de personas orgullosas vs. personas humildes?

10. Si te sientes cómodo, comparte una manifestación de orgullo por la que hayas tenido convicción de pecado la semana pasada. (¡La disposición de compartir una respuesta con el grupo puede ser una forma práctica de humillarse ante el Señor!).

Ora por avivamiento

Ora con otros por la gracia continua de Dios para que puedan buscarlo con humildad. Pídele Su misericordia para sus vidas y para Su iglesia. Confiesa evidencias específicas de orgullo que Dios te haya revelado y pídele que te haga más sensible a las manifestaciones de orgullo en tu vida. Ora por un «bautismo de humildad» en el pueblo de Dios, comenzando en tu corazón. Pídele que te revele su asombrosa grandeza de tal manera que te postres ante Él.

"Cuando la Iglesia en verdad adopte las características de la humildad de Cristo, eso conducirá al avivamiento."

—Francis Chan

Opcional

Durante la próxima semana, aparta un tiempo para meditar sobre la santidad de Dios. Tal vez desees leer pasajes bíblicos específicos y cantar coros o himnos de adoración que realcen Su asombrosa santidad. Cuando nos enfocamos en lo grande y santo que es Dios, nos damos cuenta de lo pequeños y pecadores que somos en comparación.

Honestidad:

EL SILENCIO NO SIEMPRE ES ORO

Buscar a Dios en pos de un avivamiento personal requiere un nivel de sinceridad que, al principio, puede parecer incómodo, hasta amenazador. Ocultar nuestras faltas y fracasos es un reflejo involuntario de todos los seres humanos; queremos que los demás piensen lo mejor de nosotros. Sin embargo, la humildad, uno de los primeros requisitos previos para el avivamiento, requiere la voluntad de ser sinceros con Dios y con los demás acerca de nuestra verdadera condición espiritual.

Verso para memorizar

«El que encubre sus pecados no prosperará, pero el que los confiesa y los abandona hallará misericordia».

(Proverbios 28:13)

Profundiza en la Palabra

- Génesis 3:6-13
- Proverbios 30:7-9
- Hechos 5:1-11

Día 1: Historias que edifican la fe

1 Piensa en una ocasión en la que hayas tenido la tentación de dejar una impresión de ti mismo mejor que la verdadera. ¿Qué hiciste? ¿Por qué?

«Muchas veces, los domingos por la mañana nos gritábamos; cinco minutos después, me dirigía al púlpito para predicar».

Lee esta historia sobre el arduo viaje de un hombre para andar en la luz con Dios, con su esposa y con los demás. Luego responde las preguntas.

> Tal vez hayas escuchado la canción de la década de los cincuenta llamada *The Great Pretender* [El gran farsante] escrita por Buck Ram y cantada por The Platters. Para mi gran vergüenza, yo la personificaba.
>
> Mi esposa y yo estábamos a punto de colapsar. Nuestro matrimonio se había desintegrado hasta el punto en que reconciliarnos parecía imposible. Habíamos ido a consejero tras consejero y nada parecía ayudar.
>
> Mientras tanto, yo pastoreaba una iglesia metropolitana en crecimiento. Tenía una buena reputación en nuestra denominación y a menudo me pedían que hablara en conferencias y otras iglesias. Por fuera, estaba feliz y tenía éxito. Por dentro, estaba sumido en el caos. Mi esposa y yo estábamos divorciados emocionalmente y vivíamos en extremos opuestos de nuestra casa.
>
> Durante ocho meses, mi esposa no había querido asistir a la iglesia porque el pastor, su esposo, era un hipócrita. Muchas veces, los domingos por la mañana nos gritábamos y dábamos portazos. Me subía a mi automóvil, conducía a la iglesia y, cinco minutos después, me dirigía al púlpito para predicar y fingir. Sabía que un hombre que fracasa en su hogar no puede ser verdaderamente exitoso como pastor, pero no podía ver (¿o me negaba a ver?) cómo eso se aplicaba para mí.
>
> Llegó el tiempo de tener una cumbre de avivamiento que habíamos programado en nuestra iglesia. Sabía que tenía que llamar a los miembros del equipo de avivamiento y decirles lo que estaba pasando. Ellos sugirieron que mi esposa y yo asistiéramos primero a una cumbre en otra ciudad. De esa manera nos veríamos obligados a enfocarnos

en nuestro matrimonio y en nuestras necesidades personales. Así que viajamos a la conferencia y nos registramos en habitaciones de hotel separadas. Durante la primera sesión, nos sentamos juntos, pero sintiendonos miserables. Hasta que dijo: «No me he sentado contigo en la iglesia en ocho meses y no puedo hacerlo ahora». Entonces se fue a la parte posterior del auditorio.

El lunes, ambos nos reunimos por separado con dos líderes del equipo. El líder con el que estuve no se impresionó por mis credenciales ni por mi reputación en el ministerio y tampoco se interesó en protegerlas. Con amor, comenzó a confrontarme con la verdad.

No hablamos de mi esposa; hablamos de mí. Finalmente me vi obligado a enfrentar la realidad que había negado por tanto tiempo. Me vi desafiado a enumerar las formas en que había herido el espíritu de mi esposa. Después de haber escrito treinta y una cosas, me sentí abrumado y supe que la lista aún no estaba completa. Pero el camino hacia la sinceridad había comenzado, al igual que el camino de la reconciliación y de la sanación. En oración ante el Señor, traté los problemas que había enumerado. Luego se los confesé a mi esposa.

De las tantas formas en las que la había lastimado, una en particular me trajo una gran convicción de pecado. Algunos miembros de nuestra iglesia sabían que ella había tenido problemas emocionales cuando regresamos del campo misionero años atrás. Tanto por mi silencio como por algunas de las cosas que había dicho, yo le había hecho creer a mi congregación que ella era el problema y que yo era una víctima indefensa. Eso había sido hipocresía en el más alto grado, ya que yo era el verdadero problema.

Cuando confesé todos mis fracasos y busqué el perdón de mi esposa, Dios comenzó a ablandar su corazón. Descubrí que una esposa tiene una gran reserva de paciencia y comprensión si sabe que su esposo está dispuesto a asumir su responsabilidad y a ser sincero acerca de sus necesidades y luchas. Cuando llegamos a casa, fuimos directamente a nuestro dormitorio y sacamos nuestros anillos de boda (habían estado guardados por mucho tiempo) y nos comprometimos a comenzar a reconstruir nuestro matrimonio.

«Fuimos directamente a nuestro dormitorio y sacamos nuestros anillos de boda (habían estado guardados por mucho tiempo)».

2 ¿Cómo se había engañado este hombre a sí mismo, a su esposa y a los demás? ¿Cuáles fueron las consecuencias?

3 ¿Por qué nos cuesta tanto ser transparentes con respecto a nuestras fallas y necesidades con quienes son más cercanos a nosotros?

Lee los siguientes versos del libro de Salmos:

> [1] *Señor, ¿quién habitará en tu tabernáculo?*
> *¿Quién morará en tu santo monte?*
>
> [2] *El que anda en integridad y obra justicia,*
> *y habla verdad en su corazón.*
> (Salmos 15:1-2)
>
> [3] *¿Quién subirá al monte del Señor?*
> *¿Y quién podrá estar en su lugar santo?*
> [4] *El de manos limpias y corazón puro,*
> *el que no ha alzado su alma a la falsedad*
> *ni jurado con engaño.*
> [5] *Ese recibirá bendición del Señor,*
> *y justicia del Dios de su salvación.*
> (Salmos 24:3-5)

4 ¿Qué crees que significa hablar verdad en nuestro corazón? ¿Por qué crees que la total sinceridad con Dios y con los demás es un requisito previo para disfrutar de una relación íntima con Él?

Día 2: Encuentro con la verdad

HONESTIDAD HACIA DIOS

Desde que Adán y Eva desobedecieron a Dios por primera vez, la tendencia a cubrir nuestro pecado ha sido parte de nuestra naturaleza humana pecaminosa (ver Génesis 3:7-8). No hace falta que nos enseñen a escondernos o a fingir, es algo natural en nosotros. Aun después de haber sido redimidos en Cristo y de que el Espíritu Santo hiciera morada en nosotros, a menudo luchamos contra el impulso de engañar. Pero Dios no puede bendecir ni avivar un corazón que se niega a reconocer la verdad.

Ayer leímos dos pasajes de los Salmos en los que David expresó la importancia de caminar ante Dios en verdad. Esta fue una lección que David aprendió de la manera más difícil.

Aunque fue escogido por Dios para ser un líder, David rechazó la ley de Dios, abusó de su poder, actuó por lujuria y cometió adulterio (ver 2 Samuel 11). Sin embargo, por más dañino que haya sido todo eso, él podría haberle ahorrado a su hogar y a su reino muchos meses de angustia si tan solo hubiera sido sincero acerca de su fracaso. En cambio, eligió esconder, encubrir y negar sus malas acciones.

Le mintió a Urías, el esposo de la mujer contra la que había pecado tan gravemente. Les mintió a sus guerreros. Vivió una mentira ante su pueblo. Se mintió a sí mismo actuando como si lo que había hecho no hubiera sido tan malo realmente, como si pudiera salirse con la suya y como si no fuera a sufrir mayores consecuencias.

Pero lo más importante: David le mintió a Dios al intentar cubrir su pecado y al rehusarse a reconocerlo y confesarlo.

El salmo 32 es el relato de primera mano de David del proceso que atravesó para descubrir el gran gozo de experimentar la misericordia y el perdón de Dios. Lee este pasaje y luego responde las preguntas a continuación.

> 1 *¡Cuán bienaventurado es aquel cuya transgresión es perdonada,*
> *cuyo pecado es cubierto!*
> 2 *¡Cuán bienaventurado es el hombre a quien el Señor no culpa de iniquidad,*
> *y en cuyo espíritu no hay engaño!*

Perspectiva adicional

Durante la estación seca, los fuertes vientos sirocos soplan desde el desierto en la tierra de Israel. Estos vientos crean una atmósfera cálida y sofocante. Quizás esto sea lo que David tenía en mente cuando habló del «calor del verano».

---

[3] Mientras callé mi pecado, mi cuerpo se consumió
con mi gemir durante todo el día.

[4] Porque día y noche tu mano pesaba sobre mí;
mi vitalidad se desvanecía con el calor del verano. (Selah)

[5] Te manifesté mi pecado,
y no encubrí mi iniquidad.
Dije: «Confesaré mis transgresiones al Señor»;
y tú perdonaste la culpa de mi pecado. (Selah)

Punto clave !

¡Encubrir el pecado es doloroso y destructivo!

5 En los versos 3-4, David describe el tormento que soportó al vivir una mentira ante Dios («mientras callé mi pecado ...»). Completa estas declaraciones que describen el sufrimiento de David a causa de su pecado:

«Mi cuerpo ______________________________ »

«Tu mano ______________________________ »

«Mi vitalidad ______________________________ »

6 En tus propias palabras, ¿cómo describirías las consecuencias físicas, emocionales y espirituales que experimentó David por no querer ser sincero con Dios?

____

____

____

____

Durante casi un año, David vivió con el peso de la convicción del Espíritu Santo sobre su alma. Guardar silencio sobre su transgresión (negarse a confesar su pecado) solo profundizó su angustia. David se deterioró física, emocional y espiritualmente.

Si le pudo pasar a David, nos puede pasar a nosotros. Somos igual de vulnerables que él ante la trampa del pecado e igual de aptos para tratar de ocultar nuestro fracaso. Negarnos a ser sinceros traerá consecuencias dolorosas para nosotros como las trajo para David. Pero aquí está la maravillosa verdad: *¡tenemos otra opción!*

7 ¿Qué hizo David finalmente para volver al Señor y ser liberado del peso de su culpa (Salmos 32:5)?

8 ¿Cómo respondió Dios cuando David finalmente estuvo dispuesto a revelar su pecado (v. 5)?

Mientras leemos los primeros versos del Salmo 32, casi podemos oír cómo el espíritu de David se goza y se alivia. Cuando finalmente soltó su orgullo, se humilló y se sinceró con Dios y con los demás acerca de su pecado, un alivio celestial se derramó sobre él. Fue librado del peso de su iniquidad y de su pecado.

Esa también puede ser tu experiencia. Como indica este pasaje, Dios está dispuesto a cubrir (con la sangre de Cristo) todo pecado que estemos dispuestos a descubrir ante Él. Si David pudo experimentar la libertad y el gozo de una relación restaurada con Dios después de cometer un pecado tan grande, ¡tú también puedes tener esa bendición!

Simplemente comienza con el asunto en cuestión: cualquier transgresión, grande o pequeña, sobre la cual Dios te esté dando convicción de pecado. Recuerda: ningún pecado es tan grande para que Dios no pueda perdonarlo, y ningún pecado es tan pequeño para que puedas darte el lujo de mantenerlo oculto.

¿Necesitas hacer una pausa en este momento y sincerarte con Dios acerca de algún pecado o fracaso en tu vida? ¡La persona cuyo pecado ha sido perdonado y en cuyo espíritu no hay engaño es bendecida!

"Cuando Dios cubre nuestro pecado, recibimos liberación. Cuando cubrimos nuestro pecado mediante la negación o las excusas, la mano de Dios pesa sobre nosotros. ¡Y la mano dura de Dios es una bendición! Es una muestra de Su amor que no nos deja en el engaño."

—Rosaria Butterfield

"El avivamiento personal comienza cuando el creyente enfrenta su pecado con sinceridad. Aunque sea doloroso, solo la sinceridad con Dios y con los demás le permitirá al cristiano caminar en pureza y poder."

—Jim Elliff

Día 3: Encuentro con la verdad

ANDA EN LA LUZ

El apóstol Juan, quien había sido testigo de primera mano de la vida y del ministerio de Jesús, se maravillaba del hecho de que darse a conocer era propio de la naturaleza de Dios. Él escribió en su primera epístola:

Punto clave !

Negar el pecado dificulta la comunión con Dios.

> *[5] Y este es el mensaje que hemos oído de él y que les anunciamos:*
> *Dios es Luz, y en él no hay ninguna tiniebla. [6] Si decimos que tenemos*
> *comunión con él, pero andamos en tinieblas, mentimos y no practicamos*
> *la verdad. [7] Pero si andamos en la luz, como él está en la luz, tenemos*
> *comunión los unos con los otros, y la sangre de Jesús su Hijo nos limpia*
> *de todo pecado. [8] Si decimos que no tenemos pecado, nos engañamos*
> *a nosotros mismos y la verdad no está en nosotros. [9] Si confesamos*
> *nuestros pecados, él es fiel y justo para perdonarnos los pecados y para*
> *limpiarnos de toda maldad.* (1 Juan 1:5-9)

9 ¿Con qué compara Juan a Dios (v. 5)? ¿Qué nos dice esta metáfora sobre Dios?

10 Juan dice que, porque Dios es luz, no hay ninguna ____________ en Él (v. 5). ¿Cuáles son las implicaciones de esta verdad para nuestra relación con Dios?

11 ¿Qué dice Juan acerca de alguien que afirma conocer a Dios pero que persiste en llevar un estilo de vida contrario a Él (v. 6)?

12 Solo cuando andamos en la luz podemos experimentar una comunión genuina con Dios y con los demás. ¿Qué crees que significa andar en la luz?

13 ¿Qué podría hacer que un hijo de Dios elija por un tiempo cubrir su pecado, en lugar de andar en la luz ante Dios y los demás?

14 ¿A quién engañamos si nos defendemos y decimos ser inocentes cuando en realidad hemos pecado (v. 8)? ¿Cómo afecta nuestra relación con Dios y con los demás el negarnos a caminar en la luz?

15 ¿Qué debemos hacer para que nuestros pecados sean perdonados? ¿En qué se basa Dios para ser justo y perdonar nuestros pecados?

"Si sentimos que somos inocentes y que no tenemos motivo para estar quebrantados, no significa que esas cosas no estén ahí, sino que no las hemos visto. Hemos estado viviendo en una realidad imaginaria acerca de nosotros mismos."

—Roy Hession

Perspectiva adicional

Confesar nuestro pecado es reconocer nuestra culpa ante Dios, ponernos de acuerdo con Él acerca de nuestro pecado.

Juan había conocido el gozo de una profunda comunión con Dios a través de Cristo, y quería que sus lectores experimentaran ese gozo por sí mismos. Él nos recuerda que Dios es luz y que cuando cubrimos el pecado en nuestras vidas o nos negamos a reconocerlo, nos engañamos a nosotros mismos y no podemos disfrutar de una comunión plena con Dios ni con los demás. De hecho, la persona que habitualmente cubre su pecado no tiene fundamento para afirmar ser un hijo de Dios. La voluntad de ser sinceros y de confesar nuestro pecado es una evidencia de una salvación genuina y es vital para experimentar el perdón de Dios y la comunión restaurada cuando pecamos.

Dios quiere experimentar una comunión íntima con sus hijos. Eso es posible solo si somos sinceros con Él acerca de la verdadera condición de nuestro corazón, la cual Él conoce. No importa lo que hayas hecho, puedes experimentar el gran amor y la gracia asombrosa de Dios.

Día 4: Encuentro con la verdad

ROMPE EL SILENCIO

El silencio no es oro cuando lo usamos para tratar de evitar la verdad. Cualquier intento que hagamos de escondernos de Dios, ya sea mediante el silencio o una mentira descarada, es absurdo. ¿Creemos realmente que Dios no se dará cuenta de nuestro pecado o de nuestros esfuerzos por ocultarlo? Tal parece que los discípulos pensaban eso.

> 33 *Llegaron a Capernaúm; y estando ya en la casa, Jesús les preguntaba: «¿Qué discutían por el camino?».*
> 34 *Pero ellos guardaron silencio, porque en el camino habían discutido entre sí quién de ellos era el mayor. (Marcos 9:33-34)*

¿No es sorprendente que un grupo de hombres tan cercanos a Cristo haya discutido sobre quién de ellos era más importante? Pero lo hicieron, y Cristo los escuchó. Él oyó su discusión y, a través de su silencio, escuchó las actitudes pecaminosas y orgullosas que los llevaban a querer gobernar a los demás.

! Punto clave

Nuestro instinto natural es evitar decir la verdad sobre nosotros mismos.

Al preguntarles sobre qué iban discutiendo en el camino, Cristo les dio a sus discípulos la oportunidad de purificarse, de andar en la luz con Él. En cambio, se callaron en un claro intento de evitar la verdad. Pero una mentira por omisión sigue siendo una mentira.

16 ¿Por qué esperó Cristo para hablar con los discípulos en lugar de interrumpirlos mientras discutían? ¿Por qué se tardó en confrontarlos?

____

____

____

____

Los discípulos no fueron los primeros en tratar de ocultar su pecado; Adán y Eva intentaron lo mismo, inútilmente:

> 8 *Y oyeron al Señor Dios que se paseaba en el huerto al fresco del día. Entonces el hombre y su mujer se escondieron de la presencia del Señor Dios entre los árboles del huerto.* 9 *Pero el Señor Dios llamó al hombre y le dijo: «¿Dónde estás?».* (Génesis 3:8-9)

Después de hacer lo que Dios había prohibido, Adán y Eva perdieron su inocencia y descubrieron su culpa y su desnudez. Inmediatamente tomaron la actitud de ocultarse, cosieron hojas de higuera y buscaron formas de pasar desapercibidos en el paisaje.

> «Puedes tener el valor de admitir tu pecado precisamente porque la misericordia de Dios es inmensa».
>
> —Paul David Tripp

¿Alguna vez has pensado en lo ridículo que fue que Adán y Eva esperasen que un árbol o un arbusto los escondiera de Dios? ¿Alguna vez has pensado en lo ridículo que es para ti y para mí creer que si guardamos silencio sobre nuestro pecado podemos despistar a Dios?

La pregunta que Dios le hace a Adán es muy interesante: «¿Dónde estás?» (v. 9). Por supuesto, Dios sabía exactamente dónde estaban Adán y Eva; lo había visto todo. Él sabía lo que habían hecho y sabía dónde se escondían.

17 ¿Por qué crees que Dios le preguntó a Adán dónde estaba en lugar de simplemente decirle que había visto todo lo que había hecho?

18 ¿Qué nos enseña esto acerca de cómo nos trata Dios cuando pecamos?

En Su fidelidad, Dios les da a sus hijos descarriados la oportunidad de arrepentirse. Él quiere que rompamos el silencio y que admitamos nuestras malas acciones o actitudes pecaminosas. Para hacerlo, Él puede enviarnos a uno de Sus siervos para que nos confronte (como Cristo confrontó a los discípulos), hacernos sufrir las consecuencias de nuestro pecado o permitir que experimentemos Su amor y Su misericordia de una forma más profunda. Independientemente de cómo Dios elija llamar nuestra atención, la mejor respuesta de nuestra parte es la sinceridad. La sinceridad es liberadora.

Las Escrituras nos recuerdan que somos responsables ante un Dios que todo lo ve y que todo lo sabe. Podemos estar seguros de que todo intento de ocultar nuestros pecados fracasará.

> *Nada hay encubierto que no haya de ser revelado, ni oculto que no haya de saberse.* (Lucas 12:2)
>
> *No hay cosa creada oculta a su vista, sino que todas las cosas están al descubierto y desnudas ante los ojos de aquel a quien tenemos que dar cuenta.* (Hebreos 4:13)

19 A la luz de todo lo que has hecho, dicho o pensado, ¿cómo te hacen sentir estos versos? ¿Te tranquilizan o te hacen sentir incómodo?

En los versos previos a Hebreos 4:13, vemos que es por nuestro bien y por la misericordia de Dios que Él revela la verdad sobre nosotros, sin importar cuán vergonzosa sea. Aprendemos que la razón por la que Dios revela nuestros pensamientos, acciones y motivaciones es para traernos paz (reposo, Hebreos 4:11-12). Dios no busca intimidarnos; Él es nuestro Salvador; no puede ser blando hacia el pecado. Su justicia requiere una santidad absoluta, un estándar que nadie puede alcanzar sin Jesús. La demanda de justicia de Dios ha sido satisfecha a través del sacrificio y de la muerte de Cristo en nuestro lugar en la cruz. Sin embargo, debemos sincerarnos; debemos confesar. El silencio solo condena al hacernos culpables.

! Punto clave

La sinceridad acerca de nuestro pecado nos abre la puerta para experimentar la asombrosa gracia de Dios.

Piensa sobre esto: confesar nuestro pecado, romper el silencio, da paso al perdón y a la purificación de parte de Dios. Entonces, ¿por qué escondernos? ¿Por qué callar?

¿Hay algo en tu vida, tal vez alguna actitud o comportamiento del pasado, que sepas que desagrada a Dios? ¿Estás tratando de ocultárselo y esperas que Él lo pase por alto? ¿Dios te está llamando a romper el silencio hoy?

Día 5: Aplícalo a tu vida

Como cristiano que busca un avivamiento personal, tiene un enemigo en esta lucha constante contra el engaño. Jesús lo llamó «mentiroso y el padre de la mentira» (Juan 8:44). El Dr. Bill Elliff señala:

> *[El diablo] nos ha enseñado con éxito que mentir producirá algún beneficio. [...] Seremos más respetados, más apreciados, viviremos más cómodamente si encubrimos la verdad. A toda costa, nunca debemos admitir quiénes somos realmente (¡piensa en cómo se arruinaría nuestra reputación!).*
>
> *¡El enemigo miente sobre la mentira! Su misma naturaleza le impide decir la verdad sobre los beneficios de la veracidad. En realidad, la fuente de la veracidad produce un río que nos redime. La sinceridad es tan renovadora como un arroyo de montaña y es el medio destinado por Dios para lavar y purificar nuestras vidas de hipocresía.*[1]

Punto clave !

Mientras más vivamos una mentira, más difícil será confesar. El momento de lidiar con eso es ahora.

Sí, tenemos un enemigo fuerte, ¡pero el poder de Cristo es aún más fuerte! Tómate un tiempo para meditar en los siguientes pasajes y para responder en oración las preguntas a continuación. Mientras lo haces, permite que el Espíritu Santo examine tu corazón. Pídele a Dios que te muestre cualquier área en la que no estés andando en la luz con Él, contigo mismo o con los demás. Agradécele por Su gracia y por Su poder para limpiar y avivar corazones honestos.

Honestidad hacia Dios

> *Tú deseas la verdad en lo más íntimo, y en lo secreto me harás conocer sabiduría.* (Salmos 51:6)

- ¿Participo a menudo en alabanzas y oraciones colectivas mientras mi corazón está frío, indiferente o se resiste al Señor?
- ¿Son sinceras mis oraciones? ¿Digo palabras que creo que impresionarán a Dios, o le comunico con sinceridad mis verdaderos sentimientos y deseos?
- ¿Lo honro con mis labios, pero mi mente y mi corazón están lejos? ¿En qué estoy pensando realmente cuando oro?
- Cuando se me pide que ore en público, ¿soy más consciente de la presencia de Dios o del hecho de que otros están escuchando lo que digo?
- ¿Sirvo a Dios con un corazón genuino de amor y devoción, o tengo un deseo sutil y secreto de que los demás me vean y me aplaudan?

- ¿Me ofrezco como voluntario para el servicio y hago buenas obras para glorificar a Dios o para impresionar a otros?
- ¿Soy rápido para coincidir con Dios cuando su Espíritu me convence de pecado o tiendo a racionalizar, justificar y defenderme?
- ¿Veo mi pecado como Dios lo ve, o tiendo a pensar en términos de «debilidades», «problemas», «deslices» o «peculiaridades de la personalidad»?
- ¿Amo tanto la verdad que regularmente le pido a Dios que escudriñe mi corazón y me revele todo lo que le desagrada?

Honestidad conmigo mismo

Sean hacedores de la palabra y no solamente oidores que se engañan a sí mismos. (Santiago 1:22)

- ¿Hay verdades en la Palabra de Dios que sé en mi mente o que predico a otros pero que no estoy practicando en mi vida?

Si decimos que no tenemos pecado, nos engañamos a nosotros mismos y la verdad no está en nosotros. (1 Juan 1:8)

- ¿Ignoro, resisto o niego la convicción de pecado que viene del Espíritu de Dios o de su Palabra en relación con mi pecado?

Porque si alguien se cree que es algo, no siendo nada, se engaña a sí mismo. (Gálatas 6:3)

- ¿Pienso que soy mejor de lo que Dios sabe que soy? ¿Tengo una visión exagerada de mis dones y de mi valor para Dios y los demás?

Honestidad hacia los demás

Por tanto, dejando a un lado la falsedad, hablen verdad cada cual con su prójimo, porque somos miembros los unos de los otros. (Efesios 4:25)

- ¿A veces busco crear una imagen de mí mismo mejor que la verdadera?
- ¿A menudo les doy a los demás la impresión de que soy más maduro que lo que soy en verdad y de que estoy más comprometido espiritualmente de lo que estoy en realidad?
- ¿Dejo que mi cónyuge crea que soy moralmente puro y fiel cuando eso no es cierto?

> "Nada puede entrar al cielo que no sea real; nada erróneo, equívoco, arrogante, hueco, profesional, pretencioso, insustancial, puede pasar clandestinamente por las puertas. Solo la verdad puede morar con el Dios de la verdad."
>
> —C. H. Spurgeon

"La única base para una verdadera comunión con Dios y con los hombres es vivir de manera transparente delante de ambos."

—Roy Hession

- ¿Estoy encubriendo los pecados de mi pasado en lugar de lidiar con ellos bíblicamente?
- ¿Estoy ocultando pecados o fallas específicas de mi cónyuge, de mis padres, de un maestro o de un empleador?
- ¿Soy culpable de hablar con amabilidad a los demás mientras albergo odio o amargura en mi corazón hacia ellos?
- ¿Pongo muros para evitar que la gente vea mi «yo» real? ¿Estoy dispuesto a permitir que otros entren en mi vida, a ser sincero acerca de mis necesidades espirituales, a pedir oración por esas necesidades y a ser responsable ante los demás por las áreas en las que necesito crecer o cambiar?

[1] Bill Elliff, «When I Kept Silent» [Cuando guardé silencio], *Spirit of Revival* 25 n.° 2, septiembre de 1995, publicado por Life Action Ministries, pág. 20.

Buscándole *juntos*

Inicio

1. ¿Qué parte de este estudio hasta ahora ha renovado o profundizado tu comprensión del avivamiento personal?

Discusión

2. El pastor en el relato de «Historias que edifican la fe» admitió haber engañado a otros con lo que había callado. ¿De qué otras formas podemos no ser sinceros con los demás?

3. ¿Cuáles son algunas de las áreas de nuestra vida que comúnmente tratamos de ocultar de los demás?

4. La sinceridad funciona en ambos sentidos. ¿Por qué crees que otras personas podrían tener miedo de ser sinceras con nosotros? ¿Qué podemos hacer para crear una mayor libertad en el cuerpo de Cristo para ser sinceros unos con otros?

Buscándole juntos

> "Tú y yo somos pecadores. Además, nos engañamos a nosotros mismos. No nos vemos a nosotros mismos con precisión. [...] Necesitamos desesperadamente hermanos y hermanas que nos digan la verdad. Pero lo más importante es que seamos el tipo de personas que reconocen esa verdad."
>
> —Voddie Baucham Jr.

5. Menciona algunos de los beneficios de llevar una vida sincera y transparente. Nombra algunas posibles consecuencias de negarnos a abrir nuestras vidas ante Dios y los demás.

6. ¿Puedes pensar en personajes bíblicos cuyas vidas ilustren la necedad de vivir una farsa o la bendición de vivir en sinceridad y transparencia? Discute tus respuestas con tu grupo.

7. Lee Salmos 32:1-5 en voz alta. Describe la condición de David mientras vivía una mentira.

Describe la condición de David luego de sincerarse y confesarse.

¿Qué evidencia ves de una confesión completa (no parcial) por parte de David y del perdón por parte de Dios?

8. Lee 1 Juan 1:5-9 en voz alta. ¿Cómo nos beneficia andar en la luz en nuestra vida personal?

¿Cómo se beneficia el cuerpo de Cristo cuando sus miembros andan en la luz de forma personal?

9. Según lo que leíste en las preguntas de la sección «Aplícalo a tu vida» del Día 5, ¿el Señor te mostró algún área en particular de falta de sinceridad con Dios, contigo mismo o con los demás?

Ora por avivamiento

Para cerrar, forma grupos de dos o tres personas y tómense unos minutos para andar en la luz juntos. Permite que cada uno tenga la oportunidad de compartir una necesidad espiritual personal, tal vez un área del carácter en la que no sean como Jesús, un pecado en particular con el que estén luchando o alguna relación que necesite ser reparada.

Sé abierto y específico acerca de tu necesidad según la libertad que te dé el Señor de serlo; por supuesto, no influyas de forma negativa en nadie ni compartas detalles del pecado que sería inapropiado contarles a los demás.

Después de que todos los que quieran compartir lo hayan hecho, tómense un momento para orar juntos por las necesidades que se hayan compartido.

Según lo muestre el Señor, oren unos por otros durante la semana y ríndanse cuentas mutuamente en esas áreas.

+ *Consejo*

La honestidad produce honestidad. Cuando alguien se sincera con sus hermanos y hermanas en Cristo y es amado y apoyado, otros también comenzarán a perder el miedo a ser honestos. Andar en la luz restaura y preserva la unidad en la Iglesia.

Arrepentimiento:

EL GRAN CAMBIO

Hemos aprendido que la humildad y la sinceridad brindan un terreno fértil en el que las semillas de la gracia y del avivamiento pueden crecer y dar frutos. El siguiente paso es responder a la convicción de pecado que viene de Dios en genuino arrepentimiento. El concepto de arrepentimiento es, en gran parte, ajeno a las mentes modernas. ¿Qué es el arrepentimiento? ¿Cuál es su papel en la vida de un hijo de Dios? ¿Cómo sabemos si realmente nos hemos arrepentido? Este estudio analizará estas preguntas.

Verso para memorizar

«Crea en mí, oh Dios,
un corazón limpio,
y renueva un espíritu
recto dentro de mí».

(Salmos 51:10)

Profundiza en la Palabra

- Salmos 51
- Ezequiel 18:30-32
- Lucas 15:1-7
- Hechos 3:17-20

«Dios me ayudó a renunciar a mi necesidad de control y me enseñó nuevas formas de desenvolverme con mi esposo con honor y respeto».

«El cambio de actitud de mi esposa me hizo querer ser un mejor esposo y padre».

día UNO

Día 1: Historias que edifican la fe

1 ¿Qué imágenes, sentimientos o respuestas se te vienen a la mente cuando piensas en el arrepentimiento?

Lee la historia a continuación sobre la experiencia de avivamiento de una pareja a través del arrepentimiento y responde las preguntas a continuación.

Ella: Al crecer, aprendí que la esposa era la que debía controlar a la familia. Mi madre era muy trabajadora, por lo que ese se convirtió en mi principal objetivo en la vida. Quería ser muy trabajadora y dirigir a mi familia. Eso significaba que constantemente le decía a mi esposo lo que tenía que hacer. «Sometimiento» no era una palabra que me agradara mucho que digamos. Me esforzaba por hacer lo que sentía que debía hacer como esposa y madre, pero tal parece que no tenía idea de qué era eso.

Mi relación con mi esposo estaba en ruinas. Discutíamos constantemente, a menudo, frente a nuestros hijos.

Amaba a Dios, pero no amaba a mi esposo, y lo aparté de mí y del Señor. Como yo afirmaba seguir a Cristo mientras constantemente controlaba y criticaba a mi esposo, le di una imagen equivocada de quién era Dios.

Luego comencé a escuchar la transmisión de Aviva Nuestros Corazones. Recuerdo haber escuchado a Nancy enseñar sobre la bandera blanca de la rendición. El Señor comenzó a darme convicción de pecado para que renunciara a mi necesidad de control. Después de escuchar la transmisión unas veces, no pude parar. Después de escuchar una serie sobre el matrimonio, fui a ver a mi esposo y le pedí perdón. Nos sentamos en familia y le dije que lamentaba no haberlo respetado. Luego me disculpé con los niños, les dije que la forma en que trataba a su padre frente a ellos no estaba bien. A través de su Palabra, Dios me ayudó a renunciar a mi necesidad de control y me enseñó nuevas formas de desenvolverme con mi esposo con honor y respeto.

Él: El cambio de actitud de mi esposa me hizo querer ser un mejor esposo y padre. Es liberador saber que incluso cuando cometo errores, en lugar de criticarme, mi esposa sigue a mi lado y me anima a brindar el liderazgo que mi familia necesita.

No quiero imaginarme dónde estaríamos hoy si Dios no hubiera llamado a mi esposa al arrepentimiento.

2 ¿Cuáles son los puntos clave que ves en la historia de esta mujer que le permitieron experimentar un avivamiento personal?

3 ¿Por qué a menudo culpamos a nuestras circunstancias o a otras personas por nuestras acciones y por nuestra condición espiritual?

4 Lee Salmos 51:1-6. Presta atención a la ausencia total de culpa por parte de David una vez que Dios le mostró sus malas acciones. ¿Por qué es tan importante aceptar la plena responsabilidad de nuestros propios pecados?

5 Salmos 119:59 ofrece una buena definición del arrepentimiento: «Consideré mis caminos, y volví mis pasos a tus testimonios». ¿Cómo ilustra la historia de esta mujer el arrepentimiento genuino?

Día 2: Encuentro con la verdad

EL LLAMADO AL ARREPENTIMIENTO

El papel del arrepentimiento se puede ver en cada movimiento de avivamiento de la historia. Uno de esos avivamientos ocurrió en Rumania en la década de 1970. Hubo un tiempo en que la gente de dicho país se burlaba de los cristianos y los llamaba «los arrepentidos» debido al énfasis que se le daba al arrepentimiento como algo esencial para la conversión. Había una iglesia en el pueblo de Oradea que había estado languideciendo por mucho tiempo. Dios le dijo a un pastor piadoso y muy comprometido con la oración que fuera a esa zona. Este hombre comenzó a predicar basándose en una afirmación: los arrepentidos debían arrepentirse. Sus palabras no estaban dirigidas a los comunistas ateos que gobernaban el país, sino a los miembros de las iglesias, al pueblo de Dios.

Dios comenzó a moverse en los corazones de estos creyentes y entraron en un «pacto de arrepentimiento». Acordaron abstenerse completamente de consumir alcohol y de mentir a los empleadores. (Ambas eran prácticas comunes y eran las áreas en las que Dios les había dado más convicción de pecado). Estos creyentes rumanos se tomaron en serio el hecho de abandonar del estilo de vida que era común entre los no creyentes que los rodeaban.

Punto clave !

El avivamiento requiere arrepentimiento.

La región pronto se encendió en un avivamiento y un despertar espiritual. Muchos se convirtieron y se bautizaron. Se abrió un colegio bíblico que se convirtió en el mayor productor de líderes de iglesias nacionales en Europa del Este. Varios años después, cuando se derrumbó el represivo régimen comunista, quienes formaron el nuevo gobierno buscaron el consejo de los líderes eclesiásticos de Oradea. La influencia de los «arrepentidos» se sintió en toda esa parte del mundo.

Punto clave !

El arrepentimiento implica regresar al Señor, abandonar el pecado y obedecer a Dios.

Como nuestros hermanos y hermanas rumanos, todo hijo de Dios que busca al Señor de todo corazón debe darse cuenta de que el arrepentimiento no es una opción sino un requisito. Dios dice: «[...] Vuelvan a mí y yo volveré a ustedes [...]» (Malaquías 3:7). El hecho de volver al Señor (abandonar el pecado del cual tenemos conciencia y obedecer lo que Él dice) es arrepentirnos. Este es un paso crucial para todos los que buscan a Dios para un avivamiento.

Los llamados al arrepentimiento se ven en toda la Biblia. En el Antiguo Testamento, las naciones de Israel y de Judá se desviaron repetidamente del Señor. En cada ocasión, Dios envió mensajeros para suplicarle a Su pueblo que regresara a Él.

Este mismo mensaje también es un tema destacado en todo el Nuevo Testamento, de principio a fin.

6 Lee Mateo 3:2 y 4:17. ¿Cuál fue el mensaje predicado por Juan el Bautista y por el Señor Jesús?

7 Lee Apocalipsis 2:5, 16, 21-22; 3:3, 19. En el último libro de la Biblia, ¿cuál es la exhortación recurrente que Jesús da a las iglesias?

8 ¿Con qué frecuencia crees que alguien debe arrepentirse para tener una relación correcta con Dios?

- ❍ Solo una vez, cuando la persona cree en Cristo para salvación.
- ❍ Durante los servicios especiales de la iglesia cuando otros están respondiendo a Dios.
- ❍ A diario para estar en buenos términos con Dios.
- ❍ Cuando somos salvos y cuando Dios nos da convicción de pecado.

Una actitud de arrepentimiento es crucial cuando recién venimos a Cristo para ser salvos. Los apóstoles del Nuevo Testamento llamaron tanto a judíos como a griegos a responder en arrepentimiento para con Dios y en fe en nuestro Señor Jesucristo (Hechos 20:21). Convertirse en cristiano implica arrepentirse, *apartarse* de un estilo de vida anterior y volverse a Cristo en busca de perdón y salvación.

! Punto clave

El arrepentimiento es tanto para cristianos como para no cristianos.

Sin embargo, el arrepentimiento no termina ahí. Esta misma actitud es necesaria en nuestra relación continua con Dios. Los cristianos seguirán siendo tentados a pecar aunque se les haya dado una nueva naturaleza. A veces cederán a la tentación y optarán por pecar. Sin embargo, la inclinación de quienes verdaderamente le pertenecen a Él será la de confesar en humildad y abandonar el pecado cada vez que se los confronte acerca de él en sus vidas. En un momento de su ministerio, el apóstol Pablo se vio obligado a enviar una fuerte carta disciplinaria a la iglesia en Corinto para abordar un problema en particular que necesitaba ser corregido. En la carta que conocemos como 2 Corintios, él elogia a los cristianos de allí por responder a su reprimenda anterior con dolor piadoso y arrepentimiento verdadero.

> “El creyente en Cristo es un arrepentido de por vida. Comienza con el arrepentimiento y termina con el arrepentimiento.”
>
> —Jim Elliff

> [9] *pero ahora me regocijo, no de que fueron entristecidos, sino de que fueron entristecidos para arrepentimiento; porque fueron entristecidos conforme a la voluntad de Dios, para que no sufrieran pérdida alguna de parte nuestra.*
>
> [10] *Porque la tristeza que es conforme a la voluntad de Dios produce un arrepentimiento que conduce a la salvación, sin dejar pesar; pero la tristeza del mundo produce muerte.* [11] *Porque miren, ¡qué solicitud ha producido esto en ustedes, esta tristeza piadosa, qué vindicación de ustedes mismos, qué indignación, qué temor, qué gran afecto, qué celo, qué castigo del mal! En todo han demostrado ser inocentes en el asunto.* (2 Corintios 7:9-11)

9 Los creyentes de Corinto hicieron más que simplemente *afirmar* haberse arrepentido. ¿Cuál fue la evidencia de que estaban verdaderamente arrepentidos en este asunto?

10 Según este pasaje, ¿cómo describirías la diferencia entre tener *culpa* por el pecado (la tristeza del mundo) y estar genuinamente *arrepentido* (tristeza que es conforme a la voluntad de Dios)?

Desde el momento en que nacimos de nuevo hasta el día en que finalmente estemos libres de la presencia del pecado, *siempre* debemos tener la actitud en nuestro corazón de decir: «Señor, estoy dispuesto a abandonar cualquier pecado que me muestres para tener un corazón puro y glorificarte». En otras palabras: los arrepentidos siempre debemos arrepentirnos.

Día 3: Encuentro con la verdad

UN CAMBIO DE MENTALIDAD

Antes de que el pecado se convierta en una acción, primero es un pensamiento. A eso lo llamamos *tentación*. Si no clamamos a Dios en busca de ayuda y liberación en esos momentos de tentación, o si nos permitimos dar rienda suelta al pensamiento del pecado en nuestra mente, es probable que lo cometamos tarde o temprano.

Una vez que pecamos, Dios nos da un medio para escapar de la atracción y de las garras del pecado a través del poder del Espíritu Santo que vive dentro de nosotros. A esto lo llamamos *convicción de pecado*, es ese «llamado» interno de dar la vuelta y cambiar de dirección.

Así como el pecado comienza en nuestras mentes (como una tentación), el arrepentimiento comienza en nuestras mentes cuando el Espíritu Santo trae convicción de pecado. La mente es una parte crucial de nuestra anatomía espiritual, como lo muestran los siguientes versículos:

> *Y él [Jesús] le contestó: «Amarás al Señor tu Dios con todo tu corazón, y con toda tu alma, y con toda tu mente.* (Mateo 22:37)
>
> 1 *Por tanto, hermanos, les ruego por las misericordias de Dios que presenten sus cuerpos como sacrificio vivo y santo, aceptable a Dios, que es el culto racional de ustedes.* 2 *Y no se adapten a este mundo, sino transfórmense mediante la renovación de su mente, para que verifiquen cuál es la voluntad de Dios: lo que es bueno y aceptable y perfecto.* (Romanos 12:1-2)

11 ¿Qué papel juega nuestra mente a la hora de agradar a Dios y de ser transformados a la semejanza de Cristo?

Como primero respondemos a los asuntos espirituales con nuestra mente, renovar la mente debe incluir entrenarla para . . .

- reconocer y huir de la tentación
- y responder rápidamente a la convicción de pecado del Espíritu Santo.

"Una visión del Dios alto y sublime me revela mi pecado y aumenta mi amor por mi Señor. El dolor y el amor me conducen al arrepentimiento genuino y empiezo a parecerme a la imagen de aquel a quien contemplo."

—Jen Wilkin

Perspectiva adicional

La palabra griega metanoéo, traducida como «arrepentimiento» en el Nuevo Testamento, significa «pensar de manera diferente sobre algo o cambiar de opinión».

Punto clave

El arrepentimiento comienza en la mente como convicción de pecado.

12 ¿Cómo podemos entrenar nuestra mente para resistir la tentación y responder a la convicción de pecado del Espíritu?

> "El arrepentimiento no es meramente un cambio de mentalidad intelectual o un simple dolor, [...] sino una transformación radical de toda la persona."
>
> —D. A. Carson

Una vez que el Espíritu nos convence de pecado, ¿cómo sabemos si realmente nos hemos arrepentido? Lee los siguientes pasajes para obtener la respuesta.

Juan el Bautista advirtió a la gente de la siguiente manera:

> *Por tanto, den frutos dignos de arrepentimiento.* (Mateo 3:8)

En el libro de Apocalipsis, Jesús le dijo a la iglesia en Éfeso:

> *4 Pero tengo esto contra ti: que has dejado tu primer amor. 5 Recuerda, por tanto, de dónde has caído* ***y arrepiéntete, y haz las obras que hiciste al principio****. Si no, vendré a ti y quitaré tu candelabro de su lugar, si no te arrepientes.* (Apocalipsis 2:4-5, énfasis añadido)

13 Según estos versos, ¿cuál es la evidencia de que realmente nos hemos arrepentido?

- ❍ Sentirnos mal por nuestro pecado.
- ❍ Confesar nuestro pecado y decir «lo siento».
- ❍ Cambiar nuestro comportamiento.

Punto clave !

El arrepentimiento real influye en el comportamiento.

El arrepentimiento no puede considerarse genuino a menos que exista evidencia externa: *un cambio en nuestro comportamiento*. No se trata solo de sentirnos mal por nuestro pecado; si el arrepentimiento es real, se manifestará. La manifestación externa del arrepentimiento puede ser instantánea o puede verse con el tiempo. El período de tiempo para un cambio real puede depender de la naturaleza del pecado y de cuánto tiempo uno ha estado involucrado en él, así como de otras variables. Pero tarde o temprano, habrá un cambio de comportamiento.

14 Según lo que has estudiado hasta ahora, escribe una breve descripción de cómo es el arrepentimiento en la vida de un creyente. (Tal vez desees memorizar la definición sencilla que se sugiere aquí).

15 Describe brevemente un momento en tu vida como cristiano en el que hayas dejado tu primer amor o en el que Dios te haya traído convicción de un pecado en particular y te hayas arrepentido de verdad. ¿Qué había de malo en tu forma de pensar o en la dirección en la que te dirigías? ¿Cómo cambió tu pensamiento y tu comportamiento como evidencia de tu arrepentimiento?

Definición

El arrepentimiento es un cambio de mentalidad que tiene como resultado un cambio de comportamiento.

Día 4: Encuentro con la verdad

RESPONDE AL LLAMADO DE DIOS

Punto clave !

Cuando Dios nos llama a arrepentirnos, es hora de actuar.

"Mientras más comprendemos nuestra deuda con la gracia de Dios y más vemos los sufrimientos de Cristo para redimirnos, más odiamos el pecado y más lamentamos haber caído en él."

—C. H. Spurgeon

El llamado de Dios al arrepentimiento no será necesariamente una experiencia fácil o placentera. A veces, Él utiliza nuestra propia conciencia para darnos convicción. Otras veces, puede permitir que alguien nos descubra o que otro creyente nos confronte. Más allá de cómo Dios trata con nuestro pecado, es importante que entendamos tres cosas:

1. *El hecho de que Dios revele el pecado en nuestras vidas y nos inste a arrepentirnos es evidencia de su gran amor, misericordia y bondad.* El pecado conduce a la destrucción aun en la vida de un cristiano. Algo en nuestras vidas se derrumbará como resultado de un pecado no confesado. Dios no quiere esto para Sus hijos y, de ser necesario, nos herirá temporalmente para restaurarnos. No nos dejará en el camino de la destrucción sin darnos la oportunidad de arrepentirnos. (Ver Romanos 2:1-10).

2. *El mejor momento para que respondamos a Dios es cuando se produce la convicción de pecado.* Mientras más nos demoramos, más nos resistimos a Su Espíritu y más nos cuesta humillarnos y arrepentirnos.

3. *Dios nunca nos pide nada sin darnos la gracia para hacerlo.* En términos de arrepentimiento, esto significa que no importa cuán fuerte sea la esclavitud del pecado o cuánto tiempo hayamos estado involucrados en él, Dios puede librarnos por Su gracia. (Ver 1 Corintios 10:13 y 2 Corintios 12:9).

Para mantener un estilo de vida de arrepentimiento, debemos mantener nuestro corazón en una postura de humildad. Los corazones orgullosos no responden bien a Dios, y esa es una verdad que se refleja en la vida del rey Uzías. Lee el pasaje a continuación y luego responde las siguientes preguntas.

> [3] *Uzías tenía dieciséis años cuando comenzó a reinar, y reinó cincuenta y dos años en Jerusalén. El nombre de su madre era Jecolías, de Jerusalén.* [4] *Uzías hizo lo recto ante los ojos del Señor, conforme a todo lo que su padre Amasías había hecho.* [5] *Y persistió en buscar a Dios durante los días de Zacarías, quien tenía entendimiento por medio de la visión de Dios; y mientras buscó al Señor, Dios le prosperó.*
>
> [16] *Pero cuando llegó a ser fuerte, su corazón se hizo tan orgulloso que obró corruptamente, y fue infiel al Señor su Dios, pues entró al templo del Señor para quemar incienso sobre el altar del incienso.* [17] *Entonces*

el sacerdote Azarías entró tras él, y con él ochenta sacerdotes del
Señor, hombres valientes, [18] *y se opusieron al rey Uzías, y le dijeron:*
«No le corresponde a usted, Uzías, quemar incienso al Señor, sino a los
sacerdotes, hijos de Aarón, que son consagrados para quemar incienso.
Salga del santuario, porque usted ha sido infiel y no recibirá honra del
Señor Dios». [19] *Pero Uzías, con un incensario en su mano para quemar*
incienso, se llenó de ira; y mientras estaba enojado contra los sacerdotes,
la lepra le brotó en la frente, delante de los sacerdotes en la casa del
Señor, junto al altar del incienso. [20] *Y el sumo sacerdote Azarías y todos*
los sacerdotes lo miraron, y él tenía lepra en la frente; y lo hicieron salir
de allí a toda prisa, y también él mismo se apresuró a salir, porque el
Señor lo había herido.[21] *El rey Uzías quedó leproso hasta el día de su*
muerte, y habitó en una casa separada, ya que era leproso, porque fue
excluido de la casa del Señor. [...] (2 Crónicas 26:3-5, 16-21)

> "El arrepentimiento es el umbral hacia Dios. Cuando el calor se topa con el hielo, la sustancia sólida se licua por completo. El arrepentimiento licua la voluntad de la carne. El arrepentimiento es nuestro fruto diario, nuestro lavamiento de cada hora, nuestra llamada de atención minuto a minuto."
>
> —Rosaria Butterfield

16 Dios prosperó a Uzías porque este buscó al Señor. ¿Qué cambió para que Uzías actuara con infidelidad hacia Dios?

17 Mientras estaba llevando a cabo el pecado, a Uzías se le dio la oportunidad de arrepentirse. ¿Cómo llamó Dios a Uzías para que se arrepintiera?

18 ¿Cómo respondió Uzías cuando se enfrentó a la verdad? ¿Cuáles fueron las consecuencias?

Nuestro corazón es comparable a un bote a la deriva en el agua, y el arrepentimiento es lo que lo endereza. El propósito del arrepentimiento no es hacernos sentir mejor con nosotros mismos, sino restaurarnos a una relación correcta con Dios para que podamos darle gloria y ser usados para Sus propósitos. ¡De eso se trata el avivamiento personal!

día CUATRO

Punto clave !

El arrepentimiento nos permite glorificar a Dios.

«El arrepentimiento es odiar lo que alguna vez amaste y amar lo que alguna vez odiaste.»

—Jim Elliff

Entonces, ¿cómo luce alguien arrepentido? Considera las siguientes declaraciones que describen cómo actuaría una persona sensible a la convicción de pecado de Dios.

- *Un arrepentido renueva su mente con la verdad de las Escrituras de manera constante.* Es consciente de que la batalla contra la tentación se libra primero en la mente y que el proceso de arrepentimiento también comienza allí.
- *Un arrepentido responde a Dios de inmediato.* A la primera señal de convicción de pecado, coincide con Dios acerca de su pecado, se aparta de este y se vuelve hacia el Señor.
- *Un arrepentido obedece a Dios por completo.* Su arrepentimiento es total y no mira el pecado con nostalgia, sino que abandona el placer temporal del pecado por el gozo permanente de la bendición de Dios.
- *Un arrepentido sigue a Dios de manera personal.* No basa su compromiso con Dios en lo que hagan los demás. Su corazón dice: «Aunque nadie más lo haga, yo seguiré a Dios».
- *Un arrepentido acepta fielmente la disciplina de Dios.* Al darse cuenta de que el pecado tiene consecuencias, acepta la disciplina del Señor como un acto de amor y como un recordatorio para la próxima vez que enfrente la tentación.

19 Presta atención a los verbos utilizados en la descripción anterior. ¿Qué nos corresponde a nosotros en relación con el arrepentimiento? ¿Qué le corresponde a Dios?

20 Según esta descripción, ¿podrías decir que eres un verdadero arrepentido? ¿Por qué sí o por qué no? Escribe una breve oración pidiéndole a Dios que te dé un corazón arrepentido.

día CUATRO

Día 5: Aplícalo a tu vida

Hemos considerado qué es el arrepentimiento. Ahora es el momento de que mires tu propio corazón. Con un espíritu de oración y con sinceridad, responde las siguientes preguntas. Mientras lo haces, pídele a Dios que te revele las áreas en las que puedes estar resistiéndote a Su amorosa convicción de pecado. Tal vez quieras dejar registrada una respuesta personal a preguntas específicas mientras el Señor ilumina tu corazón con Su luz.

1. ¿He experimentado alguna vez el arrepentimiento que caracteriza a la salvación genuina?
2. ¿Me molesta el pecado en mi vida?
3. ¿Tengo una actitud que diga: «Señor, estoy dispuesto a abandonar todo lo que sé que es pecado y todo lo que me muestres en el futuro que sea pecado»?
4. ¿Estoy dispuesto a llamar «pecado» a mis acciones incorrectas, en lugar de verlas simplemente como debilidades, luchas o rasgos de personalidad?
5. ¿Me preocupa más entristecer a Dios que las consecuencias de mi pecado?
6. ¿Estoy dispuesto a aceptar la responsabilidad personal de mis acciones sin culpar a nadie más?
7. ¿Estoy dispuesto a tomar las medidas necesarias para resarcir mi pecado?
8. ¿Cuándo fue la última vez que recuerdo haber experimentado un arrepentimiento genuino que tuvo como resultado un cambio de actitud o comportamiento?
9. ¿Me ha dado Dios convicción de pecados específicos de los cuales nunca me he arrepentido realmente? Si es así, ¿estoy dispuesto a arrepentirme de ellos aquí y ahora?
10. ¿Estoy dispuesto a rendir cuentas a otro creyente en aquellas áreas en las que he experimentado fracasos en el pasado y a obtener ayuda para desarrollar nuevos patrones de victoria?

"Debe haber un divorcio entre tú y tus pecados; no una mera separación por un tiempo, sino un claro divorcio."

—C. H. Spurgeon

"El verdadero arrepentimiento es dejar de pecar."

—San Ambrosio

¿Dios te está llamando a apartarte de algún pecado en particular? Responder a Dios es más importante que cualquier cosa que planees hacer a continuación. Si Dios está hablando, *ahora* es el momento de actuar. ¿Te humillarás y permitirás que Él comience a restaurarte? Recuerda, Él te ama, te ofrece gracia para cubrir cualquier pecado y anhela que camines en libertad y gozo.

Escribe una oración expresando tu respuesta a lo que Dios te ha mostrado acerca de tu corazón y de la necesidad que tengas de arrepentimiento. (La convicción del Espíritu Santo generalmente se ocupa de cuestiones específicas en nuestras vidas, así que sé lo más específico que puedas en tu respuesta, evita generalizar).

Buscándole *juntos*

Inicio

1. ¿Qué es el arrepentimiento y por qué es tan crucial en el proceso de avivamiento personal y colectivo?

Discusión

2. La mujer en el relato de «Historias que edifican la fe» culpaba a su esposo y a otros por sus problemas. ¿De qué forma obstaculizamos la obra de Dios en nuestra vida cuando culpamos a otros?

3. ¿Qué evidencias de arrepentimiento viste en la vida de esta mujer?

4. Repasa la historia del avivamiento rumano en el Día 2. ¿Cómo muestra este relato la importancia del arrepentimiento tanto individual como colectivo?

+ Consejo

Un medio clave para crecer de forma continua en humildad y arrepentimiento es la rendición de cuentas combinada con el ánimo mutuo.

Buscándole juntos

5. ¿Qué ocurriría en nuestros días si los creyentes comenzaran a vivir como «arrepentidos»? ¿Cómo cambiarían nuestras iglesias? ¿Cómo se vería el impacto en nuestra cultura?

6. ¿Cómo afecta el arrepentimiento nuestra mente y nuestro comportamiento?

7. Cuando Dios trae convicción de pecado al corazón de uno de sus hijos, ¿qué nos dice eso acerca del Señor?

8. ¿Cuándo es el mejor momento para responder a la convicción que viene de parte de Dios y a su llamado al arrepentimiento? ¿Por qué?

9. Menciona un área de tu vida en la que hayas experimentado un verdadero arrepentimiento desde que eres cristiano.

10. Si estás dispuesto, cuéntale al grupo cómo Dios está tratando contigo (o cómo lo ha hecho recientemente) con respecto a algún área específica en la que necesites o hayas necesitado arrepentirte.

+ *Consejo*

Si Dios está tratando contigo con un pecado muy personal o con uno que involucre a otras personas, sé discreto al hablar acerca del tema.

Ora por avivamiento

Si hay tiempo, concluye con una lectura de la oración de arrepentimiento del rey David en el salmo 51. (Para conocer la historia del pecado de David, consulta 2 Samuel 11:1–12:15). Que esta sea tu oración ahora y durante la semana que viene.

LÍDER: *Ten piedad de mí, oh Dios, conforme a tu misericordia; conforme a lo inmenso de tu compasión, borra mis transgresiones.*

GRUPO: Dependemos solo de tu misericordia y compasión; no tenemos otra fuente de perdón.

LÍDER: *Lávame por completo de mi maldad, y límpiame de mi pecado.*

GRUPO: Necesitamos que nos limpies de cada acto de pecado y de nuestro deseo de pecar.

LÍDER: *Porque yo reconozco mis transgresiones, y mi pecado está siempre delante de mí.*

GRUPO: La culpa es nuestra compañera constante cuando nos negamos a arrepentirnos.

LÍDER: *Contra ti, contra ti solo he pecado, y he hecho lo malo delante de tus ojos, de manera que eres justo cuando hablas, y sin reproche cuando juzgas.*

"El arrepentimiento no es un mero sentimiento de tristeza o contrición por un acto de maldad. La culpa que siento cuando actúo con impaciencia o cuando hablo enfadada no es arrepentimiento. [...] El arrepentimiento es contrición por cómo somos en nuestra esencia, porque estamos equivocados en lo más profundo de nuestro ser, ya que nos gobierna el «yo» y no Dios."

—Florence Allshorn

Buscándole juntos

GRUPO: Pecamos contra ti mientras Tú nos observas. Tú eres justo y tienes todo el derecho a tratar con nuestro pecado.

LÍDER: *Yo nací en iniquidad, y en pecado me concibió mi madre.*

GRUPO: Nuestra naturaleza humana se inclina hacia el pecado desde nuestro nacimiento.

LÍDER: *Tú deseas la verdad en lo más íntimo, y en lo secreto me harás conocer sabiduría.*

GRUPO: Nos conoces de principio a fin y quieres que seamos completamente sinceros contigo sobre la verdadera condición de nuestros corazones.

LÍDER: *Purifícame con hisopo, y seré limpio; lávame, y seré más blanco que la nieve. Hazme oír gozo y alegría, haz que se regocijen los huesos que has quebrantado. Esconde tu rostro de mis pecados, y borra todas mis iniquidades. Crea en mí, oh Dios, un corazón limpio, y renueva un espíritu recto dentro de mí. No me eches de tu presencia, y no quites de mí tu Santo Espíritu.*

GRUPO: Debes limpiarnos; no podemos limpiarnos por nuestra cuenta ni prometer que mejoraremos. Solo Tú puedes darnos un corazón limpio y un espíritu renovado.

LÍDER: *Restitúyeme el gozo de tu salvación, y sostenme con un espíritu de poder. Entonces enseñaré a los transgresores tus caminos, y los pecadores se convertirán a ti.*

GRUPO: Solo Tú puedes conceder el gozo que proviene del verdadero arrepentimiento. Por el poder de tu Espíritu Santo, puedes restaurarnos, protegernos del pecado y usarnos como instrumentos de gracia en la vida de los demás.

LÍDER: *Líbrame de delitos de sangre, oh Dios, Dios de mi salvación, entonces mi lengua cantará con gozo tu justicia. Abre mis labios, oh Señor, para que mi boca anuncie tu alabanza. porque tú no te deleitas en sacrificio, de lo contrario yo lo ofrecería; no te agrada el holocausto. Los sacrificios de Dios son el espíritu contrito; al corazón contrito y humillado, oh Dios, no despreciarás.*

GRUPO: La única adoración y servicio que un corazón pecador puede ofrecerte es la confesión y el arrepentimiento.

LÍDER: *Haz bien con tu benevolencia a Sión; edifica los muros de Jerusalén. Entonces te agradarán los sacrificios de justicia, el holocausto y el sacrificio perfecto; entonces se ofrecerán novillos sobre tu altar.*

GRUPO: ¡Restáuranos para adorarte y ayúdanos a servirte nuevamente con corazones puros!

Gracia:

LA PROVISIÓN DE DIOS PARA CADA NECESIDAD

Hasta aquí hemos visto la importancia de la humildad, la sinceridad y el arrepentimiento al buscar al Señor. En las siguientes lecciones, consideraremos varias claves adicionales para experimentar un verdadero avivamiento: la santidad personal, la obediencia total, una conciencia limpia hacia Dios y los demás, el perdón y la pureza sexual. En esta etapa del proceso, es probable que te sientas abrumado por la sensación de convicción de pecado, fracaso y culpa; algunos hasta se verán tentados a dejar de buscar a Dios en pos de un avivamiento.

La buena noticia es que Dios no nos pide que cumplamos con sus requisitos por nuestra cuenta; de hecho, Él sabe que no podemos experimentar vidas humildes, santas y obedientes sin Él. Dios pone a disposición de sus hijos un recurso increíble para que podamos llevar una vida piadosa; esa provisión asombrosa y extravagante se llama gracia.

Verso para memorizar

«Por tanto, acerquémonos con confianza al trono de la gracia para que recibamos misericordia, y hallemos gracia para la ayuda oportuna».

(Hebreos 4:16)

Profundiza en la Palabra

- Juan 1:14-18
- Romanos 5:12-17
- Tito 2:11-14

Día 1: Historias que edifican la fe

1 A lo largo de este estudio, quizás hayas luchado con un cambio en particular que Dios quiere que lleves a cabo o con un pecado que sabes que Él espera que confieses y que abandones. De los sentimientos que verás a continuación, marca aquellos que hayas experimentado en consecuencia:

- ❍ «De verdad quiero obedecer a Dios, pero no puedo, es muy difícil».
- ❍ «Tengo miedo de hacer aquello que sé que debo hacer».
- ❍ «Sé lo que Dios quiere que haga, pero, sinceramente, no quiero hacerlo».
- ❍ «Me siento abrumado por mi culpa y mi fracaso ante Dios».
- ❍ «Nunca podré estar a la altura de lo que debería».
- ❍ «Debo trabajar más duro para actuar bien y poder ser más piadoso».

Si has tenido alguno de estos pensamientos, ¡anímate! En el estudio de esta semana, aprenderás cómo la gracia de Dios puede satisfacer cada una de estas necesidades y cómo experimentar más de su abundante gracia en tu vida.

Lee la siguiente historia sobre el pecado y la gracia, y responde las preguntas a continuación.

> Por fuera, todo se veía bien. Éramos miembros activos de nuestra iglesia, el mayor de nuestros tres hijos era cristiano y tenía un profundo deseo de servir al Señor y yo era un profesor respetado de una universidad estatal cercana. Pero por dentro, las cosas no estaban tan bien; uno de nuestros hijos se comportaba con rebeldía y mi amor por mi esposa, Laurie, se había enfriado. Hacía años que no me ponía mi anillo de bodas.
>
> Cuando nuestra iglesia organizó una cumbre de avivamiento, Dios nos trató a mi esposa y a mí de manera muy personal. Aprendimos que no podíamos vivir como cristianos sin la gracia de Dios y que la única forma de experimentar esa gracia en nuestras vidas era humillándonos. No era momento de ser tibios; Dios estaba extendiéndonos una oportunidad para que nos purificáramos y experimentáramos un avivamiento. Laurie no creía que yo estuviera ocultando pecados de

«Laurie no creía que yo estuviera ocultando pecados de gran magnitud, pero la realidad era muy diferente».

día UNO

gran magnitud, pero la realidad era muy diferente. Sabía que el costo sería alto cuando comencé a decirle la verdad.

Un pecado secreto que había ocultado por muchos años era que había robado dinero de una empresa al facturar montos menores de los que realmente les cobraba a los clientes y me quedaba con la diferencia. Además, había hecho trampa en un examen de campo para obtener mi doctorado. Aunque había estudiado mucho, entré en pánico la noche anterior al examen. Como asistente de la clase, tenía las llaves de dónde se guardaban los exámenes, así que copié las preguntas del examen. Debido a la culpa, nunca había podido colgar mi diploma en la pared de mi oficina.

Había pensado muchas veces en reconocer el robo y el engaño. Lo peor que podía pasar era perder mi título y mi trabajo. Las consecuencias de esto no serían menores, pero no eran nada comparadas con lo que pensaba que sucedería si le admitía a Laurie otro pecado oculto: le había sido infiel varias veces.

Cuando le confesé estas cosas a Laurie, ella estuvo muy sorprendida. Ella sabía desde hacía mucho tiempo que nuestro matrimonio no estaba en buenas condiciones, pero nos respetábamos y ambos amábamos a nuestros hijos. Todo lo que creía acerca de mí se hizo añicos. Pero de alguna manera, por la gracia de Dios y con el consejo y el apoyo de amigos cristianos, Laurie respondió a mis confesiones con perdón. Además, se comprometió a ayudarme a restituir lo que hiciera falta por los errores que había cometido y a trabajar junto a mí para reconstruir nuestro matrimonio. Verdaderamente estábamos en un viaje de gracia.

Condujimos por diez horas y atravesamos cuatro estados. Primero me reuní con mi exjefe, le confesé lo de los robos y le pedí perdón. Él se sorprendió mucho de que yo hubiera hecho tal cosa, pero me perdonó enseguida.

Luego nos reunimos con mi asesor de doctorado. Con muchas lágrimas, le confesé la trampa y le entregué mi diploma. Una vez más, la gracia de Dios ya había estado obrando, como lo demostró la respuesta compasiva del hombre. Me explicó que no veía ninguna razón para revocar mi diploma, ya que ver las preguntas del examen solo unas horas antes de dar el examen no podría haber hecho una diferencia notoria en mi desempeño. Me sentí conmovido por su perdón. Él nos dijo que también era cristiano y me animó a seguir adelante con lo que Dios estaba haciendo en mi vida.

«Condujimos por diez horas y atravesamos cuatro estados. Primero me reuní con mi exjefe, le confesé lo de los robos y le pedí perdón».

«Verdaderamente estábamos en un viaje de gracia».

En solo veinticuatro horas, Dios había obrado milagro tras milagro en nuestro favor. Con cada paso de humildad y obediencia, Dios había comenzado a derramar su increíble gracia en nuestras vidas. Laurie y yo descubrimos un amor mutuo que no habíamos creído posible debido a nuestro pasado, un amor que proviene solo de hacer las cosas a la manera de Dios. Nuestros corazones se llenaron de gozo mientras hablábamos sobre lo que Dios había hecho y lo que iba a hacer.

2 ¿A qué riesgos se enfrentó este hombre al confesarles su pecado a su esposa, a su exjefe y a su supervisor de doctorado?

3 ¿Cuáles eran los riesgos si optaba por mantener estas cosas ocultas?

4 ¿Qué le permitió ir a la luz y confesar?

5 ¡David era un hombre desesperadamente consciente de cuánto necesitaba la gracia de Dios y no tenía miedo de pedirla! Subraya cada frase de este pasaje que se relacione con pedirle ayuda a Dios. Encierra en un círculo cada frase que indique cómo responde Dios cuando Sus hijos lo invocan.

1 Inclina, oh Señor, tu oído y respóndeme,
porque estoy afligido y necesitado.
2 Guarda mi alma, pues soy piadoso;
tú eres mi Dios; salva a tu siervo que en ti confía.
3 Ten piedad de mí, oh Señor,

porque a ti clamo todo el día.
4 *Alegra el alma de tu siervo,*
porque a ti, oh Señor, elevo mi alma.
5 *Pues tú, Señor, eres bueno y perdonador,*
abundante en misericordia para con todos los que te invocan.
6 *Escucha, oh Señor, mi oración, y atiende a la voz de mis súplicas.*
7 *En el día de la angustia te invocaré,*
porque tú me responderás. (Salmos 86:1-7)

6 ¿Por qué invocar a Dios expresa humildad? ¿Qué seguridad te da este salmo de que la gracia de Dios está disponible para satisfacer cada una de las necesidades que expresaste en la pregunta 1?

! Punto clave

Dios proporcionará la gracia que necesitamos para enfrentar cualquier demanda.

Día 2: Encuentro con la verdad

LA GRACIA SALVADORA

Imagína que un joven muere por un acto de violencia. Si su padre encontrara al culpable y lo matara, a eso lo llamaríamos *venganza*. Sin embargo, si el padre llamara a la policía y el asesino fuera arrestado, juzgado, condenado y ejecutado, lo llamaríamos *justicia*. Si en el juicio el padre suplicara que se le perdonara la vida al culpable y el juez y el jurado consintieran, eso sería *misericordia*.

Punto clave !

Por Su gracia, Dios perdona a los pecadores culpables y los reconcilia consigo mismo.

Pero ¿qué pasaría si, además de pedir que se perdonara al culpable, el padre apelara al juez para que liberara al delincuente bajo su custodia y cuidado? ¿Qué pasaría si, obteniendo milagrosamente la aprobación de la corte, el padre recibiera a ese joven en su corazón y en su hogar, lo adoptara y lo amara como a su propio hijo? ¡Eso sería *gracia*!

Ninguna palabra trae mayor gozo al corazón de un seguidor de Cristo que la palabra *gracia*. La gracia es el regalo gratuito de Dios para aquellos que han pecado contra Él y que solo merecen su ira. La gracia es un don sobrenatural de Dios que nos permite cumplir con Sus requisitos y afrontar las dificultades de la vida. La muestra más magnífica de la gracia de Dios se ve en nuestra salvación, como se nos explica en Efesios 2:1-9:

> *1 Y él les dio vida a ustedes, que estaban muertos en sus delitos y pecados, 2 en los cuales anduvieron en otro tiempo [...]. 3 [...] y éramos por naturaleza hijos de ira, lo mismo que los demás. 4 Pero Dios, que es rico en misericordia, por causa del gran amor con que nos amó, 5 aun cuando estábamos muertos en nuestros delitos, nos dio vida juntamente con Cristo [...] 7 a fin de poder mostrar en los siglos venideros las sobreabundantes riquezas de su gracia por su bondad para con nosotros en Cristo Jesús. 8 Porque por gracia ustedes han sido salvados por medio de la fe, y esto no procede de ustedes, sino que es don de Dios; 9 no por obras, para que nadie se gloríe.*

7 Haz una lista de las palabras o frases de estos versos que describan nuestra condición sin la gracia de Dios.

____

____

____

día DOS

Antes de ser receptores de la gracia de Dios, nuestra situación era verdaderamente desesperada. No teníamos esperanzas ni posibilidad alguna de vencer el dominio del pecado por nuestra cuenta. No teníamos el poder para iniciar nuestra propia salvación ni la posibilidad de tener una relación correcta con Dios. No podíamos hacer *nada* para cambiar o mejorar nuestra situación. Si nuestra condición pecaminosa nos hubiera enfermado o debilitado, entonces podríamos haber tenido esperanzas de mejorar. Pero no estábamos enfermos; estábamos muertos. Alguien tenía que infundirnos vida. Y alguien lo hizo.

8 En nuestra condición caída y pecaminosa, Dios hubiera sido justo al permitirnos sufrir las consecuencias de Su ira por toda la eternidad. En cambio, derramó sobre nosotros todo lo contrario. Enumera cuatro cualidades que se encuentran en Efesios 2:1-9 y que Dios nos haya otorgado cuando estábamos muertos en nuestros delitos y pecados.

M ______________________________

A ______________________________

G ______________________________

B ______________________________

9 Según estos versos, ¿cuál fue el resultado del don de la gracia de Dios y la intervención de Él a favor nuestro?

La condición pecaminosa de la humanidad era más que una molestia para Dios. El pecado no era algo por lo que podíamos disculparnos y así reparar la relación con Dios como si solo se hubiera tratado de un desacuerdo entre nosotros. Éramos hijos de ira, culpables y condenados. El hecho de que nuestra alma eterna haya estado sentada en el corredor de la muerte no es un pensamiento agradable, ¿verdad? *Pero donde está Dios, hay gracia, y donde hay gracia, hay perdón.*

"Mientras más comprendas la magnitud de la gracia de Dios, más precisa será tu visión de la profundidad de tu injusticia; y mientras más comprendas la profundidad de tu injusticia, más apreciarás la magnitud del don de la gracia de Dios."

—Paul David Tripp

> "El amor de Dios se manifiesta a la perfección en Su gracia para con los pecadores que no lo merecen. Y eso es exactamente la gracia: el amor de Dios que fluye *libremente* hacia los *desdichados.*"
>
> —A. W. Tozer

Por Su gracia, Dios hizo por nosotros lo que no podíamos hacer por nosotros mismos: nos dio vida cuando merecíamos la muerte y perdón cuando merecíamos la condenación. En la cruz, Dios satisfizo Su propia venganza, cumplió con las demandas de Su justicia, extendió Su misericordia y luego fue más allá y agregó el don de Su gracia. Cuando castigó el pecado, Dios perdonó a los pecadores; luego pasó a adoptar a todos los que creyeran, constituyéndolos en coherederos con Su único Hijo. Así son el amor y la gracia extravagantes de Dios.

10 ¿Qué frases del pasaje que hemos visto dejan en claro que no podemos ganarnos ni merecer la gracia de Dios?

La gracia de Dios nunca se da como recompensa por algo que podamos hacer para merecerla. A medida que exploramos más las riquezas de la gracia de Dios (no solo en la salvación sino también en nuestra santificación), debemos recordar que la gracia de Dios es siempre un *regalo* que se da a los que no la merecen. Eso es lo que la hace tan asombrosa.

¿Has recibido el regalo de la salvación que Dios te ofrece a través de su gracia? Si no lo has hecho, ¿lo harás ahora? Llama a un pastor o a un amigo cristiano y pídele que ore contigo.

Si has recibido la gracia salvadora de Dios, ¿has llegado a darla por sentada o has perdido la percepción de lo maravilloso que es lo que Dios ha hecho por ti? Tómate unos minutos para orar y dale gracias a Dios por darte la vida y por salvar tu alma. Si lo deseas, puedes cantar un himno o un coro como *Sublime gracia*.

día DOS

Día 3: Encuentro con la verdad

LA GRACIA QUE SANTIFICA

Una vez que recibimos la gracia salvadora de Dios, no nos convertimos automáticamente en gigantes espirituales que lo tienen todo resuelto. Como hijos redimidos de Dios, seguimos indefensos y necesitados sin Él. Necesitamos la gracia de Dios, en cada momento de cada día, para santificarnos y conformarnos a la imagen de Cristo.

! Punto clave

Dependemos totalmente de la gracia de Dios para vivir como cristianos.

11 De las siguientes afirmaciones, marca todas las que se apliquen a ti.

A veces…

- ❍ Me siento muy tentado a pecar.
- ❍ Cedo a la tentación y elijo pecar.
- ❍ Me siento dominado por la atracción de un pecado en particular en mi vida.
- ❍ Sé lo que Dios quiere que haga, pero no tengo el deseo de obedecerle.
- ❍ Realmente quiero obedecer a Dios, pero parece que no tengo el poder para hacerlo.
- ❍ Me siento totalmente insuficiente para hacer una tarea que sé que Dios me ha llamado a hacer.

Si ya llevas al menos algunas semanas como cristiano, ¡probablemente hayas experimentado todo lo anterior! Sentimientos como esos hacen que muchos cristianos se desanimen, se desesperen o incluso quieran rendirse. «Soy un gran fracaso… ¡La vida de cristiano es demasiado dura!».

> “La gracia es una fuerza dinámica que hace más que modificar nuestra posición ante Dios al acreditársenos como justicia. La gracia también modifica nuestra experiencia. […] La gracia es una forma de vida.”
>
> —Larry Richards

El hecho es que fracasamos, somos débiles y tenemos necesidades aun siendo cristianos. ¿Cómo afrontamos estos desafíos? Felizmente, Dios nos ha brindado a través de Jesucristo todo lo que necesitamos para afrontar cada una de estas situaciones. Esta provisión maravillosa y sobrenatural es el mismo regalo que hizo posible que fuéramos salvos. Es la *gracia* asombrosa de Dios.

Como cristianos, reconocemos que somos *salvos* solo por la gracia de Dios, independientemente de nuestro propio esfuerzo o capacidad. Sin embargo, muchos cristianos piensan de forma errónea que una vez que son salvos depende de ellos llevar una vida cristiana, que de alguna manera pueden ser *santificados* por su propio esfuerzo o capacidad. Así que luchan y se esfuerzan por ser «buenos cristianos» sin darse cuenta de que no pueden vivir como cristianos sin la gracia de Dios, como tampoco podrían ser salvos sin ella. En esta sesión y en la siguiente, consideraremos algunas de las formas específicas en las que necesitamos la gracia de Dios como creyentes.

> "La gracia no es solo una indulgencia porque hemos pecado; es el don de Dios que nos capacita para dejar de pecar. La gracia es poder, no solo perdón."
>
> —John Piper

12 ¿Qué nos dicen los siguientes pasajes acerca de la provisión de Dios cuando nos sentimos tentados a pecar?

> *No les ha sobrevenido ninguna tentación que no sea común a los hombres. Fiel es Dios, que no permitirá que ustedes sean tentados más allá de lo que pueden soportar, sino que con la tentación proveerá también la vía de escape, a fin de que puedan resistirla.* (1 Corintios 10:13)

> [15] *Porque no tenemos un Sumo Sacerdote que no pueda compadecerse de nuestras flaquezas, sino uno que ha sido tentado en todo como nosotros, pero sin pecado.* [16] *Por tanto, acerquémonos con confianza al trono de la gracia para que recibamos misericordia, y hallemos gracia para la ayuda oportuna.* (Hebreos 4:15-16)

> *Porque el pecado no tendrá dominio sobre ustedes, pues no están bajo la ley sino bajo la gracia.* (Romanos 6:14)

¿Qué pasa cuando fallamos y cedemos ante la tentación? La gracia de Dios nos convence cuando pecamos y luego nos da la capacidad y el deseo de confesar y abandonar nuestro pecado. ¿Alguna vez has cometido un pecado tan grande o has pecado con tanta frecuencia que te sentiste abrumado por la culpa y la condenación? ¡No podías imaginarte cómo Dios podría perdonarte *de nuevo*! Una vez más, lo que necesitas es la gracia de Dios.

13 La Biblia nos dice que «donde el pecado abundó, sobreabundó la gracia» (Romanos 5:20). Parafrasea ese verso con tus propias palabras. ¿Cómo se aplica esta verdad a nuestras vidas como creyentes?

Dios nos extiende gracia y perdón cuando confesamos y nos arrepentimos de nuestro pecado. ¿Eso significa que somos libres de pecar cuando y como queramos, siempre que tengamos la intención de confesarlo? Eso puede sonar ridículo, pero algunos creyentes del primer siglo en realidad sugerían que, si el pecado de uno servía para evidenciar la gracia de Dios, ¡quizás deberíamos sentirnos libres de pecar aún más! El apóstol Pablo se dirigió a esa corriente de pensamiento en términos inequívocos:

> 1 *¿Qué diremos, entonces? ¿Continuaremos en pecado para que la gracia abunde? 2 ¡De ningún modo! Nosotros, que hemos muerto al pecado, ¿cómo viviremos aún en él?* (Romanos 6:1-2)
>
> 11 *Porque la gracia de Dios se ha manifestado, trayendo salvación a todos los hombres,*
> 12 *enseñándonos, que negando la impiedad y los deseos mundanos, vivamos en este mundo sobria, justa y piadosamente.* (Tito 2:11-12)

14 Según estos versos, ¿por qué la gracia de Dios debería ser una restricción y no una licencia para pecar?

> "Me guste o no, porque estoy en el pacto de gracia, debo pisotear mi pecado. Debido a que estoy en el pacto de gracia, puedo pisotear el pecado. Cada día, cada hora."
>
> —Rosaria Butterfield

No solo necesitamos la gracia de Dios cuando somos tentados y cuando pecamos, también la necesitamos para hacer *cualquier cosa* que le agrade a Él. De hecho, ¡no hay un solo aspecto de la vida cristiana que podamos manejar sin la gracia de Dios!

El apóstol Pablo les indicó así a los creyentes de Filipos: «[...] Dios es quien obra en ustedes tanto el *querer* como el *hacer*, para su buena intención» (Filipenses 2:13). La gracia de Dios es la calidad dinámica de Su vida dentro de nosotros que nos da tanto el *deseo* como el *poder* de obedecerlo.

Dios es plenamente consciente de que somos incapaces de vivir piadosamente a pesar de nuestras mejores intenciones o esfuerzos. Su gracia es Su suministro sobrenatural para todo lo que nos falta. Él promete equiparnos y capacitarnos para que hagamos todo lo que Él nos pida.

Perspectiva adicional

En 2 Corintios 8-9, Pablo exhorta a los creyentes en relación con la gracia de dar. Como con todo lo demás que Dios nos pide que hagamos, es Su gracia la que nos permite abundar en «toda buena obra».

> *Y Dios puede hacer que toda gracia abunde para ustedes, a fin de que teniendo siempre todo lo suficiente en todas las cosas, abunden para toda buena obra.* (2 Corintios 9:8)

15 Encierra en un círculo las palabras «toda» o «todas» y «abunde» o «abunden» cada vez que aparecen en este verso. ¿Cómo te anima este verso al considerar las diversas tareas y responsabilidades que Dios te ha confiado?

día TRES

Día 4: Encuentro con la verdad

LA GRACIA QUE SUFRE

Hasta ahora, en esta lección, hemos considerado la gracia de Dios que asegura nuestra salvación. También hemos visto que es la gracia de Dios la que nos santifica. Ahora veremos la gracia que Dios nos brinda cuando somos llamados a sufrir.

Como dijo la famosa Elisabeth Elliot, el sufrimiento es «tener lo que no quieres y querer lo que no tienes». Puede variar en alcance y en gravedad desde «un dolor de muelas o los impuestos hasta un tumor».

Tú (o alguien a quien amas) puedes estar enfrentando una situación o una temporada que parezca ir más allá de tus límites de cordura y fuerza. Puede que estés lidiando con una enfermedad, con un dolor, con una crisis familiar o con presión financiera, y que te sientas presionado contra una pared, sin esperanza de encontrar alivio o ayuda. Independientemente de las circunstancias, puedes estar seguro de que tú (o tu ser querido) están al alcance de la gracia. La gracia de Dios está disponible y es suficiente para su necesidad; Él les proporcionará una manera de resistir.

El apóstol Pablo sabía lo que era soportar penurias y dolores implacables. Por amor a Cristo, sufrió el rechazo y la persecución que habrían llevado a muchos a rendirse.

En algún momento, Pablo fue afligido con una «espina en la carne», una especie de enfermedad que le causó un gran sufrimiento. En repetidas ocasiones, Pablo le imploró al Señor que le quitara el problema. Como vemos en 2 Corintios 12, el Señor decidió no concederle el deseo; no obstante, le dio a Pablo exactamente lo que necesitaba para lidiar con la espina y convertirla en una bendición:

> [8] *Acerca de esto, tres veces he rogado al Señor para que lo quitara de mí.*
> [9] *Y él me ha dicho: «Te basta mi gracia, pues mi poder se perfecciona en la debilidad». Por tanto, con muchísimo gusto me gloriaré más bien en mis debilidades, para que el poder de Cristo more en mí.* (vv. 8-9)

! Punto clave

La gracia de Dios nos permite soportar el dolor más profundo.

Perspectiva adicional

La Escritura no nos dice cuál era la «espina en la carne» de Pablo. La palabra en griego traducida como espina significa «estaca para tiendas» y se empleaba para hablar de estacas de madera utilizadas para empalar personas. Fuera lo que fuera, la espina de Pablo no era una simple astilla o esquirla, sino una aflicción importante, crónica o recurrente, y terriblemente dolorosa.

"Cuando Dios le declaró a Pablo que Su gracia era suficiente para él, afirmó la suficiencia total de su gracia para cada necesidad de la vida. [...] La gracia de Dios fue suficiente para el dolor más profundo que Pablo (o cualquier otro creyente) pudiera experimentar."

—John MacArthur

"Cuando estás en el horno, tu Padre mantiene los ojos en el reloj y su mano en el termostato."

—Warren Wiersbe

día CUATRO

16 ¿Qué revela este pasaje sobre la gracia de Dios?

17 ¿Cómo se revela el poder de Dios en nuestras debilidades y necesidades?

18 ¿Cómo respondió Pablo ante la seguridad de la gracia de Dios?

El apóstol Pedro escribió sus epístolas para fortalecer y animar a los creyentes que estaban pasando por un sufrimiento intenso. La gracia de Dios es un tema que sobresale en sus cartas. Al final de 1 Pedro, les recuerda a sus lectores que «el Dios de toda gracia» participa activa, directa y personalmente en la vida de sus hijos, a pesar de que estos sufran y sientan que Él los ha olvidado:

> *Y después de que hayan sufrido un poco de tiempo, el Dios de toda gracia, que los llamó a Su gloria eterna en Cristo, Él mismo los perfeccionará, afirmará, fortalecerá, y establecerá.* (1 Pedro 5:10)

19 Cuando estamos en medio de una crisis o experimentamos dolores crónicos o dificultades, a veces sentimos que eso durará para siempre. ¿Qué perspectiva nos da 1 Pedro 5:10 sobre la duración de nuestros sufrimientos?

20 ¿Qué nos dice este pasaje sobre los propósitos de Dios para nuestras vidas y sobre el resultado final de nuestro sufrimiento? ¿Cómo puede la gracia de Dios transformar nuestro sufrimiento en algo valioso y bello?

> "Mientras más débil soy, más debo apoyarme en la gracia de Dios; mientras más me apoyo en Él, más descubro cuán fuerte es y más determinante se vuelve mi testimonio sobre su gracia."
>
> —Joni Eareckson Tada

Recuerda: lo que es bueno para tus pecados, también lo es para tus dolores. La gracia de Dios, manifestada en Su provisión para nosotros por nuestra naturaleza pecaminosa y en Su fortaleza para acompañarnos a través de las dificultades, está siempre disponible. La siguiente historia personal de Tim Grissom, el coautor de este libro, ilustra la forma en que Dios ministra gracia a Sus hijos heridos.

Hace varios años, mi estudio personal sobre la gracia coincidió con un trayecto inusualmente doloroso para mi familia y para mí.

En enero de 1999, mi esposa, Janiece, fue diagnosticada con esclerosis lateral amiotrófica (enfermedad de Lou Gehrig). En un lapso de once meses, se deterioró físicamente hasta el punto de que poco podía hacer por sí misma más allá de respirar, hablar débilmente y tragar. Finalmente, tuvimos que hospitalizarla; falleció diez días después a la edad de cuarenta y un años. Me quedé con cuatro hijos... y un corazón destrozado.

Eso describe la realidad terrenal de nuestras circunstancias: dolorosas, terribles y agobiantes.

Pero hay otro lado, un lado celestial, donde encontré esperanza. Descubrí que es totalmente posible pasar por «el valle de sombra de muerte» sin temer mal alguno. Aprendí que en las temporadas más duras de la vida, podemos crecer en nuestra conciencia de la presencia de Dios. Nuestro entendimiento acerca de Dios puede crecer al punto de que los demás factores de la realidad pasen a un segundo plano. Él se ofrece a sí mismo: Su amor, Su compañía, Su fortaleza... ¡Su gracia!

En los meses en los que tuve que enfrentarme a la enfermedad de mi esposa, a su muerte y al dolor y a los desafíos de ser padre soltero, la gente a menudo preguntaba: «¿Cómo estás?». Yo solo podía responder que sentía como si Dios nos estuviera cubriendo y llevando, como si Él nos estuviera acompañando a través del dolor y protegiendo para que este no nos hiriera de muerte.

Cerca de seis meses después de la muerte de Janiece, estaba leyendo 1 Pedro 5 cuando Dios llamó mi atención sobre los versos 6 y 7: «Humíllense, pues, bajo la poderosa mano de Dios, para que Él los exalte a su debido tiempo, echando toda su ansiedad sobre Él, porque Él tiene cuidado de ustedes».

Cuando nos humillamos, ¿dónde coloca Dios Sus manos? Por encima de nosotros para cubrirnos y por debajo para llevarnos. A veces, nos humillamos a causa del arrepentimiento del pecado y, a veces, a causa del sufrimiento. En cualquier caso, cuando nos humillamos, atraemos la presencia de Dios, y Él nos toma en Sus manos. ¿Qué mejor lugar que ese?

21 ¿Qué revela la experiencia de Tim sobre el corazón y los caminos de Dios que podría ser útil para ti o para un amigo que esté pasando por un momento de tristeza o dificultad?

Día 5: Aplícalo a tu vida

La gracia es uno de los temas teológicos más ricos de la Biblia, pero es mucho más que un bonito concepto teórico. La gracia de Dios es un don vital, práctico y transformador que está disponible para todo hijo de Dios en cada situación, circunstancia y momento de la vida. Hoy queremos dar un paso más en la aplicación de lo que hemos aprendido sobre la gracia de Dios en esta lección haciendo dos preguntas: *¿Para qué necesitamos la gracia de Dios? y ¿cómo podemos experimentar más la gracia de Dios?*

¿Para qué necesitamos la gracia de Dios?

La respuesta correcta es: ¡*para todo*! Desde el nacimiento hasta el nuevo nacimiento pasando por la santificación y hasta la máxima glorificación, desde la cuna hasta la tumba, ¡siempre dependemos total, absoluta y enteramente de su gracia! La gracia de Dios es Su provisión suficiente para cada necesidad que tendremos.

> "No se puede alcanzar nada piadoso ni realmente santo sin la gracia."
>
> —San Agustín

La gracia de Dios se apresura hacia nuestra *debilidad* y nuestra *necesidad*. Tómate unos momentos para identificar formas específicas en las que necesites la gracia de Dios en esta etapa de tu vida. Aquí tienes indicaciones para comenzar. Marca cualquiera de los siguientes puntos que correspondan:

Necesito la gracia de Dios para . . .

- ❍ amar a un familiar en particular;
- ❍ serle fiel a mi compañero/a;
- ❍ dar un paso específico de obediencia;
- ❍ descansar en Dios con respecto a mi deseo de casarme;
- ❍ honrar a mis padres o a mis suegros;
- ❍ amar a mi esposa como Cristo ama a la Iglesia;
- ❍ respetar a mi esposo y someterme a él;
- ❍ ser paciente y amable con mis hijos;
- ❍ descansar en Dios con respecto a mi deseo de tener hijos;
- ❍ aceptar una oportunidad ministerial en particular;
- ❍ llevar adelante el ministerio que él me ha confiado.

Enumera cualquier otra circunstancia que te venga a la mente por la cual necesites la gracia de Dios:

Perspectiva adicional

Tanto Santiago como Pedro (1 Pedro 5:5) citan Proverbios 3:34: «Ciertamente él se burla de los burladores, pero da gracia a los afligidos».

¿Cómo podemos obtener más de la gracia de Dios en nuestras vidas?

La gracia de Dios es inmerecida, pero no incondicional. Dios hace que su gracia esté disponible para nosotros y Él está ansioso por dárnosla, pero debemos cumplir con una condición.

> *Pero él da mayor gracia. Por eso dice: «Dios resiste a los soberbios, pero da gracia a los humildes».* (Santiago 4:6)

¿A qué tipo de personas se resiste Dios? ¿Por qué?

¿Cuál es la condición de Dios para que recibamos más gracia?

Dios «resiste» o se opone (literalmente, «se pone en contra») a los autosuficientes, a los que tratan de manejar sus vidas sin Él, a los que luchan y se esfuerzan por llevar vidas cristianas por sí mismos, a los que son muy orgullosos para reconocer su necesidad.

Pero Él, con gusto y generosidad, derrama Su gracia (todo Su favor y Sus recursos divinos) sobre los humildes. Demostramos humildad cuando reconocemos nuestra impotencia y necesidad (en relación con Él y con los demás) y clamamos a Él por Su gracia.

Lee Salmos 84:11, Santiago 1:17 y 1 Pedro 5:10. ¿Cuál (quién) es la fuente de toda gracia? ¿Qué sugiere eso acerca de dónde debemos buscar para satisfacer nuestras necesidades?

Vuelve a mirar los puntos que marcaste para los que necesitas la gracia de Dios en este momento. Humíllate ante el Señor y cuéntale sobre cada una de las áreas en las que necesitas su ayuda. Clama a Él para que supla tu necesidad, luego agradécele porque *Su gracia es suficiente para ti* en cada una de esas áreas.

"Dios no nos convence de nuestro pecado para que pueda ahuyentarnos con desesperación, sino para enviarnos a los brazos abiertos de Jesús, quien murió en la cruz para pagar por todos nuestros pecados."

—Greg Laurie

Buscándole juntos

> Esta palabra, «gracia», contiene toda la teología del Nuevo Testamento.
>
> —J. I. Packer

Inicio

1. ¿Cómo le explicarías el concepto de la gracia a un niño?

2. ¿Qué has aprendido acerca de la gracia esta semana y qué desafíos has tenido con respecto a tu comprensión de la gracia?

Discusión

3. En «Historias que edifican la fe», ¿cómo ayudó al hombre el hecho de admitirle sus pecados ocultos a su esposa? ¿También la ayudó a ella? ¿Cómo?

4. ¿Cuáles eran los riesgos de tal sinceridad? ¿Los resultados y los riesgos valieron la pena?

5. ¿En qué se diferencia la gracia de la justicia? ¿Y de la misericordia?

6. Explica cómo vemos la gracia de Dios en la salvación.

7. ¿Cómo puede la gracia de Dios ayudarnos a vencer la tentación y a lidiar con el pecado?

8. Lee Hebreos 4:15-16 en voz alta. ¿Qué nos dice este pasaje sobre cómo obtener más de la gracia de Dios?

9. Hemos visto que «Dios resiste a los soberbios, pero da gracia a los humildes» (1 Pedro 5:5-7). ¿Por qué crees que eso es cierto? ¿De qué maneras podemos humillarnos y recibir más de su gracia?

10. El Día 5, te pedimos que indicaras algunas cosas en tu vida para las cuales necesitas la gracia de Dios. Haz que cada uno comparta brevemente sobre un área de su vida en la que actualmente necesite la gracia de Dios. Una vez que lo haya hecho, haz que todo el grupo, en voz alta, le diga a esa persona: «¡Su gracia es suficiente para ti!». Luego, pídele a esa persona que exprese su fe respondiendo en voz alta: «Su gracia es suficiente para mí».

"Los pecados serían demasiado duros para nosotros si intentáramos lidiar con ellos solos; pero la gracia de Dios es suficiente para someterlos, de modo que no nos gobiernen ni nos arruinen."

—Matthew Henry

"Ni tus peores días son tan malos para estar fuera del alcance de la gracia de Dios. Ni tus mejores días son tan buenos para no necesitar la gracia de Dios."

—Jerry Bridges

Ora por avivamiento

Divídanse en grupos de dos; lo ideal es que lo hagan con la misma persona con la que oraron en la última sesión. Comparte cualquier situación adicional en la que actualmente necesites la gracia de Dios. Si estás luchando con un problema de pecado no resuelto, sé lo más sincero posible con tu compañero. Recuerda: Dios derrama gracia sobre los humildes. Si necesitas más de la gracia de Dios (el deseo y el poder de obedecerle), esta es una oportunidad para que cumplas con Su condición de humildad.

Oren juntos. Confiesen sus necesidades y clamen a Dios por su gracia para satisfacer esa necesidad. Oren para que sus compañeros experimenten el poder sobrenatural de Dios en sus vidas. Den gracias a Dios por su gracia que salva, transforma, habilita y sustenta.

Santidad:

UN CORAZÓN COMO EL DE ÉL

Para algunos, el concepto de santidad evoca imágenes de rostros severos, reglas rígidas y justicia propia. ¡Pero buscar a Dios y experimentar un avivamiento personal no tiene nada de aburrido! Entonces, ¿qué significa ser santos?

La santidad se puede definir en dos niveles. La *santidad posicional* es lo que Dios nos imparte cuando nos convertimos en Sus hijos. Dado que Dios es santo y nosotros somos pecadores, somos reconciliados con Dios por la sangre de Cristo derramada en la cruz (Colosenses 1:19-22). Dios nos imparte la justicia de Cristo y nos hace santos e irreprensibles ante Él. Esa es nuestra posición espiritual en Cristo: hemos sido separados del pecado y apartados para Dios.

Por otro lado, la *santidad personal* (o santidad práctica) es el resultado y el fruto de la santidad posicional evidenciada en la forma en que pensamos y vivimos. Debido a que pertenecemos a Dios y Su Espíritu Santo mora en nosotros, se nos ha ordenado y equipado divinamente para vivir de acuerdo con Su voluntad todos los días y en todos los sentidos. En esta lección, nos centraremos principalmente en nuestra santidad personal y práctica.

Verso para memorizar

«Busquen la paz con todos, y la santidad, sin la cual nadie verá al Señor».
(Hebreos 12:14)

Profundiza en la Palabra

- Salmos 99
- Efesios 1:3-4; 5:25-27
- 1 Pedro 1:13-17; 2:9-12

Día 1: Historias que edifican la fe

1 ¿Qué características te vienen a la mente cuando piensas en la *santidad*?

La siguiente es la historia de la experiencia de avivamiento personal de un hombre. Lee lo que sucedió cuando tuvo una nueva visión de la santidad de Dios.

> Sinceramente, como cristiano y pastor creía que tenía un justo respeto y reverencia por la santidad de Dios. A menudo predicaba sobre la santidad de Dios, pero había estado escondiendo algo por años. En mi diario, a menudo escribía sobre una lucha con un pecado secreto. Nunca mencioné el pecado porque no quería arriesgarme a que alguien descubriera lo que estaba pasando dentro de mí. Pero yo sabía lo que era: mis pensamientos eran completamente impuros.
>
> Una noche, Dios comenzó a señalar este pecado secreto. Finalmente, admití ante el Señor de manera abierta y sincera que había estado ocultando esta área de mi vida. Como tantos hombres, lo racionalicé y justifiqué como parte de ser hombre. Sin embargo, sabía que lo que estaba experimentando era más que una simple tentación y había cruzado la línea: había abrazado la inmoralidad en mi corazón.
>
> Fui al Señor, quebrantado, humillado y arrepentido. Y por primera vez en muchos años, comencé a experimentar la libertad en mi vida. Al día siguiente, le conté a mi esposa lo que le había confesado a Dios. También busqué su perdón, porque no la había honrado en mi mente. Ella me perdonó amorosamente. Luego le pedí que me permitiera rendirle cuentas y que me preguntara periódicamente sobre lo que veía en televisión o lo que leía.
>
> En Isaías 6, el profeta Isaías se enfrentó a la santidad de Dios y exclamó: «¡Ay de mí! Porque perdido estoy, pues soy hombre de labios inmundos y en medio de un pueblo de labios inmundos habito, porque mis ojos han visto al Rey, el Señor de los ejércitos». Cuando me di cuenta de nuevo de la absoluta santidad de nuestro Dios, me enfrenté a mi propia pecaminosidad. Sabía que necesitaba compartir con mi congregación lo que Dios había hecho en mi vida. Así que, el domingo siguiente, prediqué acerca de Isaías 6.

«Una noche, Dios comenzó a señalar este pecado secreto».

«Por primera vez en muchos años, comencé a experimentar la libertad en mi vida».

Con rodillas temblorosas y manos transpiradas, le conté a la congregación acerca de los años en los que había estado enredado en pensamientos de impureza y les pedí que me perdonaran. Estaba comenzando a experimentar una maravillosa libertad de la esclavitud que había conocido por años y le di toda la gloria y el honor a Dios.

Anhelaba que otros conocieran esta libertad, así que invité a cualquier hombre que también estuviera luchando en su mente a que se reuniera conmigo en nuestra capilla. Esperaba que tal vez tres o cuatro hombres llegaran para orar. ¡Imagina mi sorpresa al ver que sesenta y cinco hombres atravesaron la puerta! Sesenta y cinco hombres, muchos con lágrimas en nuestras mejillas, formamos un círculo y comenzamos a confesar que habíamos fallado en mantener la pureza en nuestras mentes. No cambiaría nada por ese precioso momento en el que mis hermanos en Cristo me acompañaron y juntos nos comprometimos a rendirnos cuentas, a orar unos por otros y a desafiarnos mutuamente.

Cuando somos confrontados con Su santidad y con nuestra pecaminosidad, Dios amorosamente comienza a convertirnos en lo que Él quería que fuéramos desde el principio: vasos santos y puros.

2 ¿Cómo impactó el conocimiento de la santidad de Dios a este hombre y a su congregación?

3 El pasaje que Dios usó para traer convicción de pecado al corazón de este pastor es conocido. Lee atentamente Isaías 6:1-7 y pídele a Dios que se te revele de una forma nueva. Mientras lees, imagínate en esa escena. ¿Cómo crees que sería experimentar la asombrosa presencia de un Dios santo como lo hizo Isaías? ¿De qué manera te da esperanza la experiencia de Isaías?

Día 2: Encuentro con la verdad

PREPARÉMONOS PARA LA BODA

Imagina esta escena: es un día de verano perfecto. Amigos y familiares se han reunido para compartir la feliz ocasión. Hay una decoración elegante y un ambiente festivo. ¡Hoy tú, el novio, te casarás con la mujer de tus sueños! Tus pensamientos se interrumpen cuando la marcha nupcial suena en el órgano. La congregación se pone de pie y se vuelve hacia la hermosa novia que está a punto de entrar.

Luego… un asombro colectivo. La novia, con rulos en el pelo y vestida con pantalones de ejercicio, se tambalea torpemente. Mira con horror la escena que tiene ante ella y, de repente, comprende lo que estaba ocurriendo. «¡Lo siento muchísimo! —se lamenta—. ¡Olvidé qué día era hoy!».

Suena ridículo, ¿no? ¿Qué novia se ha olvidado del día de su boda o no se ha preparado activamente para este? Sin embargo, ocurre algo aún más absurdo entre muchos cristianos de hoy. En la Palabra, a la Iglesia (compuesta por todos los que han nacido en la familia de Dios a través del arrepentimiento y de la fe en Cristo) se la conoce como «la novia o la esposa de Cristo» (Apocalipsis 19:7; 21:2,9; 22:17). El Señor Jesús ha prometido regresar para llevar a Su novia al hogar que está preparando en el cielo. En ese momento, habrá una gran fiesta y celebración de bodas.

Perspectiva adicional

Ser santificados es ser hechos santos en nuestra práctica. La santificación es un proceso que comienza en cada hijo de Dios en el punto de la regeneración y continúa hasta nuestra glorificación final cuando vemos a Cristo cara a cara.

El apóstol Pablo nos da una descripción conmovedora del corazón de nuestro Novio celestial por Su novia y de Su claro anhelo por el día de la boda que se llevará a cabo:

> 25 *[…] Cristo amó a la iglesia y se dio él mismo por ella,* 26 *para santificarla, habiéndola purificado por el lavamiento del agua con la palabra,* 27 *a fin de presentársela a sí mismo, una iglesia en toda su gloria, sin que tenga mancha ni arruga ni cosa semejante, sino que fuera santa e inmaculada.* (Efesios 5:25-27)

4 Según este pasaje, ¿por qué murió Jesús y cuál es Su objetivo para su novia, la Iglesia?

día DOS

Lamentablemente, muchos cristianos de hoy viven como si se hubieran olvidado de la boda. ¡En cierto sentido, podríamos definir el avivamiento como la novia preparándose para la boda! Es la Iglesia (que incluye a todo verdadero creyente) que se prepara para encontrarse con su Novio al santificarse y purificarse de todo lo que contamina. Si esta es la intención de nuestro Salvador para Su novia, ¿no debería ser también el enfoque y la motivación de cada hijo de Dios?

5 ¿Qué importancia tiene prepararse para la boda en tu pensamiento y en tu vida diaria?

- ❍ Sinceramente, me importa la vida aquí y ahora. No me enfoco en santificarme ni en prepararme para encontrarme con Jesús.
- ❍ En parte me esfuerzo y concentro en prepararme para el regreso de Cristo, pero a menudo me distraigo y me consumen las cosas terrenales.
- ❍ Amo a Jesús, estoy emocionado por su regreso y busco activamente «prepararme para la boda» santificándome.

Aunque no sabemos cuándo regresará Cristo, las Escrituras nos dicen cómo vivir ahora en preparación para nuestra herencia celestial:

> [13] *Por tanto, preparen su entendimiento para la acción. Sean sobrios en espíritu, pongan su esperanza completamente en la gracia que se les traerá en la revelación de Jesucristo.* [14] *Como hijos obedientes, no se conformen a los deseos que antes tenían en su ignorancia,* [15] *sino que así como aquel que los llamó es santo, así también sean ustedes santos en toda su manera de vivir.* [16] *Porque escrito está: «Sean santos, porque yo soy santo».* (1 Pedro 1:13-16)

6 ¿Qué instrucciones da Pedro para quienes esperan el regreso de Cristo?

! Punto clave

El Señor Jesús dio Su vida para convertirnos en una novia pura.

Perspectiva adicional

La palabra santo significa «apartado». La santidad personal significa estar separados del pecado y consagrados a Dios para sus propósitos y para que Él nos use.

día DOS

7 ¿Por qué debemos ser santos? ¿Cómo vamos a mostrarlo?

En nuestro idioma tenemos una voz activa y una voz pasiva. La voz pasiva expresa una acción que se lleva a cabo por nosotros o para nosotros. La voz activa describe la acción que realizamos para hacer que suceda algo o para evitar que suceda algo.

8 En 1 Pedro 1:13-16, ¿se utiliza la voz activa o la voz pasiva? ¿Qué te dice eso sobre la santidad?

Punto clave !

Debemos cooperar activamente con Dios para ser santos.

Hay muchos pasajes bíblicos que dejan en claro que tenemos una responsabilidad personal cuando se trata de la santidad. Por ejemplo:

- *«[...] guárdate libre de pecado»* (1 Timoteo 5:22).
- *«[...] Sean sobrios, como conviene, y dejen de pecar [...]»* (1 Corintios 15:34).
- *«[...] Que se aparte de la iniquidad todo aquel que menciona el nombre del Señor»* (2 Timoteo 2:19).
- *«[...] aborreciendo lo malo, aplicándose a lo bueno»* (Romanos 12:9).
- *«[...] limpiémonos de toda inmundicia de la carne y del espíritu, perfeccionando la santidad en el temor de Dios»* (2 Corintios 7:1).

Dios nos ha mandado a ser santos. Nuestra motivación es ser como Él y prepararnos para Su regreso. Pero la santidad personal no es algo que podamos esperar pasivamente que Dios nos conceda de forma mística. Debemos cooperar activamente con Él para llegar a ser santos en nuestra forma de vivir.

Tal vez estés pensando: «Realmente quiero ser santo, ¡pero sigo fallando! ¡Parece imposible!». Recuerda: Dios nunca nos ordenará hacer algo para lo cual no nos capacitará. Si eres un hijo de Dios, Él te ha dado su Espíritu Santo para ayudarte en el proceso de santificación de por vida. La gracia de Dios te dará el deseo y el poder de buscar la santidad en cada área de tu vida (Filipenses 2:13).

Al final de 1 Tesalonicenses, después de desafiar a los creyentes a llevar una vida santa, el apóstol Pablo los anima con esta bendición:

> [23] *Y que el mismo Dios de paz los santifique por completo; y que todo su ser, espíritu, alma y cuerpo, sea preservado irreprensible para la venida de nuestro Señor Jesucristo.* [24] *Fiel es aquel que los llama, el cual también lo hará.* (1 Tesalonicenses 5:23-24)

9 ¿De qué manera estos versos te dan esperanza en relación con el proceso de tu santificación?

10 Escribe una breve oración expresando tu deseo de buscar la santidad y de estar listo para encontrarte con nuestro Novio. Pídele Su gracia para poder obedecerle y dale las gracias por Su promesa de santificarte y Su poder para hacerlo.

Día 3: Encuentro con la verdad

EL NÚCLEO DEL ASUNTO

Los líderes religiosos de la época de Jesús eran muy respetados y todos (¡hasta ellos mismos!) los consideraban santos. Eran expertos en la ley del Antiguo Testamento y se enorgullecían de cumplir hasta la letra más pequeña. Su comportamiento externo era intachable. Imagina cómo se habrán consternado cuando Jesús apareció en escena y comenzó a confrontarlos por lo único que solo Dios podía ver: *sus corazones.*

Punto clave 

La verdadera santidad es ante todo un asunto del corazón.

Aquí hay solo un ejemplo de los muchos encuentros que Jesús tuvo con estos líderes que pensaban que eran santos:

> [1] *Los fariseos, y algunos de los escribas que habían venido de Jerusalén, se reunieron alrededor de él;* [2] *y vieron que algunos de sus discípulos comían el pan con manos inmundas, es decir, sin lavar.* [3] *(Porque los fariseos y todos los judíos no comen a menos de que se laven las manos cuidadosamente, observando así la tradición de los ancianos.* [4] *Cuando vuelven de la plaza, no comen a menos de que se laven; y hay muchas otras cosas que han recibido para observarlas, como el lavamiento de los vasos, de los cántaros y de las vasijas de cobre).* [5] *Así que los fariseos y los escribas le preguntaron: «¿Por qué tus discípulos no andan conforme a la tradición de los ancianos, sino que comen con manos inmundas?».*
> [6] *Jesús les respondió: «Bien profetizó Isaías de ustedes, hipócritas, como está escrito:*
>
> *"Este pueblo con los labios me honra,*
> *pero su corazón está muy lejos de mí.*
> [7] *Mas en vano me rinden culto,*
> *enseñando como doctrinas preceptos de hombres".*
>
> [8] *Dejando el mandamiento de Dios, ustedes se aferran a la tradición de los hombres».* (Marcos 7:1-8)

Perspectiva adicional 

A lo largo de los siglos, los líderes religiosos judíos habían añadido un gran conjunto de reglas (las tradiciones de los ancianos) a la ley del Antiguo Testamento. Entre estas reglas había regulaciones precisas sobre cómo lavarse las manos, incluso prescribían cuánta agua usar y cómo verterla.

11 ¿Qué hicieron (o qué no hicieron) los discípulos que perturbó a los fariseos? ¿Por qué les molestó esto?

12 ¿Cómo llamó Jesús a los fariseos (v. 6)? ¿Por qué usó un término tan fuerte (vv. 6-8)?

Mateo 23 registra otra ocasión en la que Jesús reprendió fuertemente a los fariseos por su hipocresía. Entre otras cosas, los acusó de:

- no practicar lo que predicaban a los demás (v. 3);
- llevar a cabo sus actos «espirituales» para causar una buena impresión en los demás (vv. 5-7).

Además, Jesús indicó que había un mundo de diferencia entre lo que *aparentaban* (la apariencia externa) y lo que realmente *eran* (realidad interna):

> [25] *¡Ay de ustedes, escribas y fariseos, hipócritas, que limpian el exterior del vaso y del plato, pero por dentro están llenos de robo y de desenfreno!* [28] *Así también ustedes, por fuera parecen justos a los hombres, pero por dentro están llenos de hipocresía y de iniquidad.* (vv. 25, 28)

Los *corazones* de los fariseos (lo que Dios veía en el interior de ellos) no coincidían con todo su impresionante *discurso* y *actividad* «espiritual». Estaban totalmente «limpios» por fuera, pero corrompidos por dentro. Eran *hipócritas*; inventaban sus propias reglas y tradiciones, y las exaltaban por encima de la Palabra de Dios. Se consideraban piadosos porque se ajustaban (externamente) a sus estándares hechos por hombres. Guardaban ciertas leyes meticulosamente (por ejemplo, diezmaban de todo, ¡aun de sus especias!) mientras buscaban la forma de eludir el propósito de estas (por ejemplo, amar verdaderamente a Dios y a los demás).

A primera vista, el comportamiento de alguien genuinamente santo (no perfecto, pero que vive en humilde obediencia a Dios) puede resultar muy similar al de alguien hipócrita. Pero Dios no mira lo externo, sino nuestros corazones. Y no se limita a solo *echar un vistazo* a nuestros corazones, sino que los *escudriña*.

13 Tómate un momento para dejar que Dios escudriñe tu corazón. Reflexiona sobre estas preguntas y escribe todo lo que Dios ponga en tu corazón:

La descripción que hace Jesús de los fariseos, ¿se aplica a tu vida de alguna manera? ¿En qué sentido?

Cuando Dios escudriña tu corazón, ¿qué ve? ¿Verdadera santidad o hipocresía? ¿En verdad eres tan espiritual como los demás creen o eres un hipócrita, alguien que *aparenta* ser espiritual? ¿La impresión que otros tienen de ti coincide con la verdadera condición de tu corazón, la cual Dios conoce?

14 Escribe una oración breve confesando cualquier hipocresía que Dios te haya mostrado en tu corazón y pídele que te dé un corazón puro.

Día 4: Encuentro con la verdad

EL GOZO DE LA SANTIDAD

Escribe una o dos palabras que te vengan a la mente cuando escuchas las siguientes palabras:

Golosinas ________________________________

Atardecer ________________________________

Novia ________________________________

Ahora, escribe algunas palabras que te vengan a la mente cuando escuchas la palabra *santidad*:

____

____

____

____

¿Incluiste en tu lista las palabras «alegría» o «gozo»? Por más sorprendente que parezca, la *santidad* y el gozo realmente van de la mano.

En Salmos 4, David habla de dos tipos de personas: los *piadosos*, los que aman la justicia, y los *impíos*, los que se sienten atraídos por el pecado.

> 1 *Cuando clamo, respóndeme, oh Dios de mi justicia.*
> *En la angustia me has aliviado; ten piedad de mí, escucha mi oración.*
>
> 2 *Hijos de hombres, ¿hasta cuándo cambiarán mi honra en deshonra? ¿Hasta cuándo amarán la vanidad y buscarán la mentira? (Selah)*
>
> 3 *Sepan, pues, que el Señor ha apartado al piadoso para sí; el Señor oye cuando a él clamo.*
>
> 4 *Tiemblen, y no pequen; mediten en su corazón sobre su lecho, y callen. (Selah)*
>
> 5 *Ofrezcan sacrificios de justicia, y confíen en el Señor.*

"La santidad es algo precioso y encantador. Desde nuestra infancia, aprendemos nociones extrañas de santidad, como si se tratara de algo melancólico, taciturno, amargo y desagradable; pero no hay nada en ella que no sea dulce y deslumbrantemente hermoso."

—Jonathan Edwards

15 ¿Qué características de los impíos ves en este pasaje (v. 2)?

16 En contraste con los impíos, David profesa su amor por la santidad y su sincera intención de agradar a Dios. ¿Cuáles son algunas de las características de las personas piadosas que se encuentran en los versos 1, 3-5?

A veces, cuando eligió el camino de la santidad, David se vio bajo ataque. Sin embargo, David no sentía lástima de sí mismo, tampoco se sentía miserable ni deprimido. Observa cómo describe su condición:

> *Alegría pusiste en mi corazón, mayor que la de ellos cuando abundan su grano y su vino nuevo.* (Salmos 4:7)

17 Según la experiencia de David, ¿cuál es el resultado de amar la santidad y rechazar el pecado?

El salmo 32 nos muestra el testimonio personal de David luego de caer en un pecado horrible, arrepentirse y recibir la gran misericordia de Dios:

> *¡Cuán **bienaventurado** es aquel cuya transgresión es perdonada, cuyo pecado es cubierto!*
>
> *¡Cuán **bienaventurado** es el hombre a quien el Señor no culpa de iniquidad, y en cuyo espíritu no hay engaño!* (vv. 1-2)

18 Cuando pecamos, lo hacemos porque creemos que nos traerá algún tipo de placer. ¿Qué descubrió David sobre la forma de experimentar la verdadera bendición?

¡El fruto de la santidad es *alegría* y *gozo*! La Escritura nos da una descripción del Señor Jesús que establece esta conexión:

> *Has amado la justicia y aborrecido la iniquidad;*
> *por lo cual Dios, tu Dios, te ha ungido con*
> *óleo de alegría más que a tus compañeros.* (Hebreos 1:9)

La perspectiva de Satanás y del mundo y nuestra mentalidad natural están en el polo opuesto a la forma de pensar de Dios. Intentan convencernos de lo siguiente:

> *Si eliges ser santo, sentirás* ____________________.
> *Si quieres ser feliz, tienes que* ____________________.

19 ¿Qué aprendes del ejemplo de David y de Jesús sobre el verdadero camino hacia la alegría y el gozo?

Perspectiva adicional

En Hebreos 1:9, el escritor en realidad está citando Salmos 45:7, una profecía mesiánica que apunta a Cristo.

"La santidad del hombre es ahora su mayor felicidad; en el cielo, la mayor felicidad del hombre será su perfecta santidad."

—Thomas Brooks

Día 5: Aplícalo a tu vida

En varias de sus epístolas, el apóstol Pablo comparte una idea importante sobre el proceso de por vida de búsqueda de la santidad:

> [22] *Que en cuanto a la anterior manera de vivir, ustedes se despojen del viejo hombre, que se corrompe según los deseos engañosos,* [23] *y que sean renovados en el espíritu de su mente,* [24] *y se vistan del nuevo hombre, el cual, en la semejanza de Dios, ha sido creado en la justicia y santidad de la verdad.* (Efesios 4:22-24)

Como nuevas criaturas en Cristo, debemos despojarnos de todo lo perteneciente a nuestra vieja y corrupta carne: hábitos pecaminosos, actitudes incorrectas, motivos impuros, etc. Pero no basta con despojarnos de la vieja vida. En su lugar, por la gracia de Dios y por el poder de su Espíritu Santo, debemos vestirnos intencionalmente del «nuevo hombre», de esas cualidades de la vida de Cristo en nosotros.

A continuación, verás una lista de algunas cosas de las que todo hijo de Dios necesita despojarse, junto con las cualidades correspondientes de las que debemos vestirnos. En una actitud de oración, lee la lista y marca cada elemento del cual Dios te revela que debes despojarte. No te apresures a realizar este ejercicio; pídele a Dios que lo use para revelar áreas específicas de tu vida que no están santificadas.

Cuando hayas terminado, pasa tiempo a solas con Dios en confesión y oración, y utiliza esta lista como guía. En los próximos días, dedica tiempo a leer y meditar sobre los versos de la Escritura que se relacionan con los elementos que hayas marcado y comienza a vestirte de las cualidades opuestas en su lugar.

Despójate de...	Vístete de...
❍ 1. La falta de amor (1 Jn 4:7-8, 20)	❍ 1. Amor (Jn 15:12)
❍ 2. El juzgar a los demás (Mt 7:1-2)	❍ 2. Predisposición a examinar tu propio corazón (1 Co 11:28; 2 Co 13:5)
❍ 3. La amargura y la falta de perdón (Heb 12:15)	❍ 3. Bondad de corazón, perdón (Ef 4:32)
❍ 4. El egoísmo (Fil 2:21)	❍ 4. Abnegación (Jn 12:24)

Despójate de...	Vístete de...
❍ 5. El orgullo (Pr 16:5)	❍ 5. Humildad (Stg 4:6)
❍ 6. La jactancia y la vanidad (1 Co 4:7)	❍ 6. Estima hacia los demás (Fil 2:3)
❍ 7. La terquedad (1 S 15:23)	❍ 7. Quebrantamiento (Ro 6:13)
❍ 8. La falta de respeto a la autoridad (Hch 23:5)	❍ 8. Honra hacia la autoridad (Heb 13:17)
❍ 9. La rebelión (1 S 15:23)	❍ 9. Sumisión (Heb 13:17)
❍ 10. La desobediencia (1 S 12:15)	❍ 10. Obediencia (Dt 11:27)
❍ 11. La impaciencia (Stg 1:2-4)	❍ 11. Paciencia (Heb 10:36)
❍ 12. La ingratitud (Ro 1:21)	❍ 12. Gratitud (Col 3:15-17)
❍ 13. La codicia (Lc 12:15)	❍ 13. Contentamiento (Heb 13:5)
❍ 14. El descontento (Heb 13:5)	❍ 14. Contentamiento (1 Ti 6:8)
❍ 15. Las murmuraciones y las quejas (Fil 2:14)	❍ 15. Alabanza (Heb 13:15)
❍ 16. Los celos (Gá 5:26)	❍ 16. Confianza (1 Co 13:4)
❍ 17. Las disputas y contiendas (Pr 13:10)	❍ 17. Paz (Stg 3:17)
❍ 18. Las represalias (Pr 24:29)	❍ 18. Devolver bien por mal (Ro 12:19-20)
❍ 19. La ira (Pr 29:22)	❍ 19. Dominio propio (Gá 5:22-23)
❍ 20. El enojo (Stg 1:19-20)	❍ 20. Respuestas suaves (Pr 15:1)
❍ 21. La irritación (1 Co 13:5)	❍ 21. Lentitud para la ira (Pr 19:11)
❍ 22. El odio (Mt 5:21-22)	❍ 22. Amor (1 Co 13:3)
❍ 23. Los chismes (1 Ti 5:13)	❍ 23. Palabras de edificación (Ef 4:29)
❍ 24. El hablar mal (Stg 4:11)	❍ 24. Buenas noticias (Pr 15:30)
❍ 25. El espíritu crítico (Gá 5:15)	❍ 25. Bondad (Col 3:12)
❍ 26. Las mentiras (Ef 4:25)	❍ 26. Verdad (Zac 8:16)
❍ 27. Las blasfemias (Pr 4:24)	❍ 27. Una lengua apacible (Pr 15:4)

"El pecado tiene un sabor dulce, pero se vuelve amargo en nuestro estómago. La santidad a menudo tiene un sabor amargo, pero se vuelve dulce en nuestro estómago."

—Gary Thomas

"Aquellos que toleran el pecado en lo que piensan que son cosas pequeñas, pronto lo harán también en asuntos mayores."

—C. H. Spurgeon

Despójate de...	Vístete de...
❍ 28. Las palabras ociosas (Mt 12:36)	❍ 28. Palabras que ministren gracia (Ef 4:29)
❍ 29. Los motivos incorrectos (1 S 16:7)	❍ 29. Motivaciones espirituales (1 Co 10:31)
❍ 30. Los malos pensamientos (Mt 15:19)	❍ 30. Pensamientos puros (Fil 4:8)
❍ 31. La complacencia (Ap 3:15)	❍ 31. Celo por Dios (Ap 3:19)
❍ 32. La pereza (Pr 18:9)	❍ 32. Diligencia (Pr 6:6-11)
❍ 33. La hipocresía (Job 8:13)	❍ 33. Sinceridad (1 Ts 2:3)
❍ 34. La idolatría (Dt 11:16)	❍ 34. Adoración exclusiva a Dios (Col 1:18)
❍ 35. La falta de amor por Cristo (Ap 2:4)	❍ 35. Devoción ferviente (Ap 2:5)
❍ 36. La falta de regocijo constante (Fil 4:4)	❍ 36. Regocijo (1 Ts 5:16)
❍ 37. La preocupación y el miedo (Mt 6:25-32)	❍ 37. Confianza (1 P 5:7)
❍ 38. La incredulidad (Heb 3:12)	❍ 38. Fe (Heb 11:1,6)
❍ 39. El descuido del estudio de la Biblia (2 Ti 3:14-17)	❍ 39. Estudio bíblico, meditación (Sal 1:2)
❍ 40. La falta de oración (Lc 18:1)	❍ 40. Oración (Mt 26:41)
❍ 41. La falta de preocupación por los incrédulos (Mt 9:36-38)	❍ 41. Compasión, testimonio fiel (Hch 1:8)
❍ 42. La procrastinación (Pr 10:5)	❍ 42. Diligencia (Pr 27:1)
❍ 43. La falta de hospitalidad (1 P 4:9)	❍ 43. Hospitalidad (Ro 12:13)
❍ 44. Los engaños (2 Co 4:2)	❍ 44. Honestidad (2 Co 8:21)
❍ 45. El robo (Pr 29:24)	❍ 45. Trabajo duro (Ef 4:28)
❍ 46. La falta de moderación (Pr 11:1)	❍ 46. Templanza (1 Co 9:25)
❍ 47. La gula (Pr 23:21)	❍ 47. Disciplina (1 Co 9:27)

Despójate de...	Vístete de...
❍ 48. La influencia de amigos impíos (Sal 1:1)	❍ 48. Amigos piadosos (Pr 13:20)
❍ 49. Los valores temporales (Mt 6:19-21)	❍ 49. Valores eternos (2 Co 4:18)
❍ 50. El amor al dinero, codicia (1 Ti 6:9-10)	❍ 50. Amor de Dios (Mt 6:33)
❍ 51. La tacañería (1 Jn 3:17)	❍ 51. Generosidad (Pr 11:25)
❍ 52. El pecado sexual (1 Ts 4:7)	❍ 52. Pureza sexual (1 Ts 4:4)
❍ 53. La fornicación (1 Co 6:18)	❍ 53. Abstinencia (1 Ts 4:3)
❍ 54. La lujuria (1 P 2:11)	❍ 54. Deseos puros (Tit 2:12)
❍ 55. El adulterio (Mt 5:27-28)	❍ 55. Fidelidad matrimonial (Pr 5:15-20)
❍ 56. La pornografía (Sal 101:3)	❍ 56. Pensamientos puros (Fil 4:8)
❍ 57. La vestimenta indiscreta (Pr 7:10)	❍ 57. Modestia (1 Ti 2:9)
❍ 58. El coqueteo (Pr 7:21)	❍ 58. Espíritu apacible y amable (1 P 3:4)
❍ 59. El entretenimiento mundano (Pr 21:17)	❍ 59. Actividades espirituales (Gá 5:16)
❍ 60. El daño corporal (1 Co 3:16-17)	❍ 60. Glorificar a Dios en tu cuerpo (1 Co 6:20)
❍ 61. La embriaguez (Pr 20:1)	❍ 61. Sobriedad (Pr 23:30-32)
❍ 62. El hecho de seguir a la multitud (Pr 1:10)	❍ 62. Temor del Señor (Pr 3:7)
❍ 63. La brujería, la astrología y el horóscopo (Dt 18:10-12)	❍ 63. Adoración a Dios (Dt 6:5)
❍ 64. Los juegos de azar (Pr 28:20, 22)	❍ 64. Buena mayordomía (Lc 16:11)
❍ 65. El favoritismo (Stg 2:1-9)	❍ 65. Amor por el prójimo como por uno mismo (Lc 6:27-36) [1]

[1] Para obtener una versión imprimible de la lista completa, visita SeekingHim.com.

Buscándole juntos

> «La santidad no es algo que estemos llamados a hacer para convertirnos en algo; es algo que debemos hacer por lo que ya somos.»
>
> —Martyn Lloyd-Jones

Inicio

1. ¿A quién conoces que haya llevado lo que consideras una vida santa? Explica tu respuesta.

Discusión

2. ¿Cuál es la diferencia entre la santidad posicional y la santidad personal?

3. ¿Por qué crees que el pastor en el relato de «Historias que edifican la fe» sintió que era necesario confesarle su pecado secreto a su esposa? ¿Y a su iglesia?

4. ¿Qué efecto tuvo su humilde confesión en los demás? ¿Has visto alguna evidencia de la obra de Dios en la vida de otros mientras le respondes a Dios a lo largo de este estudio?

5. Repasa la ilustración (Día 2) de la novia que olvida el día de su boda. ¿Ves alguna similitud entre esa novia y la condición de la novia de Cristo hoy? ¿Cómo debería modificar la forma en que pensamos y vivimos el saber que Cristo regresará pronto por Su esposa?

6. 1 Pedro 1:13-16 y otros pasajes nos instan a ser activos en nuestra búsqueda de la santidad. ¿Cómo podemos cooperar con Dios para crecer en santidad personal?

7. ¿Por qué Jesús fue tan duro con los fariseos cuando todos los demás pensaban que eran creyentes modelo?

8. Túrnense para leer en voz alta la siguiente lista de declaraciones comparativas sobre la diferencia entre los hipócritas y las personas que son verdaderamente santas.

- **Las personas** santas se comportan de cierta manera porque aman a Dios.
- **Los hipócritas** se comportan de cierta manera porque quieren que los demás piensen que aman a Dios.
- **Las personas** santas se preocupan por agradar a Dios por dentro y por fuera.
- **A los hipócritas** les preocupa cómo los perciben los demás.

"La santidad cristiana no es una cuestión de conformidad minuciosa con los preceptos individuales de un código legal externo; se trata más bien de que el Espíritu Santo produzca su fruto en la vida y reproduzca aquellas gracias que se vieron en perfección en la vida de Cristo."

—F. F. Bruce

Buscándole juntos

- **Las personas** santas tienen un corazón para amar y servir a los demás, independientemente de su nivel socioeconómico.
- **A los hipócritas** les gusta asociarse con los poderosos y con los que están en ascenso para mejorar su propia posición.
- **Las personas** santas se inclinan ante la autoridad de las Escrituras y llevan vidas radicalmente obedientes.
- **Los hipócritas** se excusan por desobedecer la Palabra de Dios mediante el uso de una lógica que suena piadosa, mientras se adhieren servilmente a sus propias reglas y normas creadas por el hombre.
- **Las personas** santas se entregan sin reservas a Dios y son pacientes con otros que aún están en proceso.
- **Los hipócritas** esperan más de los demás de lo que están dispuestos a dar de sí mismos.
- **Las personas** santas tienen una estimación humilde de sí mismas porque Dios es su estándar.
- **Los hipócritas** se comparan con los demás y desarrollan un complejo de superioridad espiritual.
- **Las personas** santas basan sus convicciones en la norma de la Palabra de Dios.
- **Los hipócritas** exaltan las preferencias personales y las tradiciones humanas a una posición de igual (o mayor) autoridad que la Palabra de Dios.
- **Las personas** santas son reales.
- **Los hipócritas** fingen . . .

  hacer cosas que no hacen.
  abstenerse de las cosas que hacen.
  amar cosas que odian.
  odiar cosas que aman.
  querer cosas que temen.
  temer cosas que quieren.

¿Te ves a ti mismo en alguna de las declaraciones que describen a los hipócritas? Si te sientes libre para hacerlo, comparte lo que Dios te ha estado mostrando sobre cualquier hipocresía en tu vida.

9. ¿Cómo podemos ser liberados de la hipocresía y avanzar hacia una vida más auténticamente santa?

10. ¿Cómo utilizó el Señor el ejercicio de «Despójate de / Vístete de» en tu corazón? ¿Cuáles son algunas formas prácticas en las que puedes seguir despojándote del viejo yo y vistiendo del nuevo yo?

Ora por avivamiento

Divídanse en parejas para orar. Dile a tu compañero de oración al menos un área de avivamiento personal: humildad, arrepentimiento, sinceridad, gracia, santidad personal, en la que Dios esté tratando contigo, luego oren el uno por el otro.

Oren también por un avivamiento de la verdadera santidad en la Iglesia de hoy. Oren por la restauración de la pureza personal y colectiva, y para que la novia de Cristo se comprometa a prepararse para la boda.

Para mayor ánimo y rendición de cuentas, llámense durante la semana para hablar sobre lo que están aprendiendo mientras buscan al Señor y sobre cómo están respondiendo a Su Espíritu.

LECCIÓN 7

Obediencia:

LA PRUEBA DE FUEGO DEL AMOR

Dios ama a Sus hijos. Él sabe que no podemos experimentar y disfrutar plenamente de Su amor a menos que le obedezcamos. Obedecer a Dios no debe ser un requisito estéril y frío, sino una respuesta voluntaria y alegre hacia aquel que nos ama con locura y que se preocupa por darnos lo mejor. Dios no se queda al margen y nos exige obediencia desde allí; por el contrario, nos bendice al permitirnos ser parte del cumplimiento de sus propósitos. Él nos llama a que nos rindamos, nos invita a seguirlo, nos da poder para servir y luego bendice nuestra obediencia.

Verso para memorizar

«Si ustedes me aman, guardarán mis mandamientos».

(Juan 14:15)

Profundiza en la Palabra

- Deuteronomio 30:11-20
- Salmos 119:57-64
- Filipenses 2:5-11
- 1 Juan 2:3-6; 5:1-5

Día 1: Historias que edifican la fe

1 ¿Qué te viene a la mente cuando piensas en la obediencia? ¿Es un concepto positivo o negativo para ti? ¿Por qué?

Lee la siguiente historia sobre lo que aprendió un hombre de negocios en la escuela de obediencia de Dios.

> Yo era el presidente de una empresa de fabricación de muebles en crecimiento. Tenía una familia hermosa y servía como diácono en mi iglesia. La comunidad me respetaba. Cuando nuestro pastor nos pidió a los diáconos que oráramos acerca de la posibilidad de invitar a un equipo a nuestra iglesia para una cumbre de avivamiento, yo no estaba convencido de que eso fuese necesario. Pero pronto aprendí que Dios siempre mira más allá que nosotros.
>
> Durante los servicios, Dios escudriñó mi corazón y me reveló cosas que no eran compatibles con Su gloria. Había un asunto específico relacionado a mis prácticas comerciales. En la industria del mueble es una práctica común duplicar (en la medida de lo posible) los diseños exitosos de otras empresas. Hacía poco, había hecho esto dos veces sin darle importancia. Pero bajo el cuidadoso análisis de las Escrituras y del Espíritu Santo, vi esta práctica como Dios la veía: deshonesta. Aunque la mayoría la consideraba algo aceptable, ya no podía justificar la práctica de robar los diseños de la competencia.
>
> Después de confesarle este pecado a Dios, supe que el siguiente paso era llamar a los hombres cuyos diseños había copiado, pedirles perdón y comprometerme con un resarcimiento económico. Para mí, esto era más que mejorar la ética empresarial; era vital para caminar con Dios en total obediencia. Hice las llamadas. El primer hombre me agradeció la llamada, pero rechazó cualquier reembolso financiero. Su perspectiva era la misma que la que yo había tenido antes: «Olvídate de eso. Todo el mundo lo hace; realmente no es la gran cosa». El segundo hombre me dejó saber que me perdonaba y que estaba agradecido. También rechazó el reembolso financiero, pero sugirió que mi empresa donara la cantidad de dieciocho mil dólares a la organización benéfica que quisiéramos.

«Esto era más que mejorar la ética empresarial; era vital para caminar con Dios en total obediencia».

También había que hacer cambios en casa. Había sido un buen proveedor, pero un esposo y un padre ausente. Trabajaba muchas horas y mi familia estaba sufriendo por ello. Comencé a ver que Dios podía ocuparse de nuestras necesidades y de nuestro negocio. No necesitaba estar en la oficina todo el tiempo, así que reduje las horas de trabajo e invertí ese tiempo en casa.

Dios me mostró que la obediencia (o la falta de ella) produce un efecto notable en las relaciones. En primer lugar, Dios quiere que nuestra relación con Él sea la correcta. Antes de que intentemos dar o hacer algo por Dios, Su principal preocupación es que estemos bien con Él. Eso requiere una obediencia total. Una vez que estamos bien con Dios, nuestras otras relaciones se ordenan también.

«Como en muchas áreas de nuestro caminar con Dios, la obediencia requiere que nos rindamos día a día (incluso momento a momento)».

Aunque había aprendido mucho acerca de la obediencia y del precio de la desobediencia, tuve contratiempos ocasionales. Como en muchas áreas de nuestro caminar con Dios, la obediencia requiere que nos rindamos día a día (incluso momento a momento). Aproximadamente seis años después del incidente de los diseños de muebles copiados, el contador de nuestra empresa me planteó un dilema. El gobierno no nos había cobrado impuestos sobre una transferencia de aranceles, un descuido que le brindaba a la empresa veinte mil dólares a favor. El contador quería saber qué hacer al respecto. Le dije: «Déjame pensarlo y te llamaré por la mañana». Pero sabía lo que teníamos que hacer; en realidad, no había nada que pensar u orar. Llamé al muchacho a primera hora de la mañana siguiente y me disculpé por no haber hecho lo correcto de inmediato. Debíamos el dinero, y nunca debí durar de si pagaríamos o no. Cuando la elección entre el bien y el mal es obvia, tengo que obedecer a Dios y hacer lo correcto.

«¡El camino de Dios funciona! Es la mejor forma de vivir».

No soy para nada perfecto, pero amo al Señor y quiero agradarle. Antes en mi vida, estaba demasiado preocupado por cómo me veían los demás. Si alguien señalaba un problema en mi vida, me ocupaba solo de las ramas, de las hojas y de los frutos. Pero cuando Dios comenzó a tratar conmigo acerca de la obediencia total, él llegó a la raíz del asunto. ¡El camino de Dios funciona! Incluso si no obtuvimos la vida eterna, obedecer a Dios y vivir de acuerdo con sus valores nos protege. Podríamos evitar muchas luchas y heridas. Definitivamente es la mejor forma de vivir.

2 ¿Qué crees que quiere decir cuando dice que la obediencia requiere que nos rindamos día a día, incluso momento a momento? ¿De qué manera has experimentado esta verdad en tu caminar con Dios?

Lee los siguientes versos de Salmos 19:

> 7 *La ley del Señor es perfecta,*
> *que restaura el alma;*
> *El testimonio del Señor es seguro,*
> *que hace sabio al sencillo.*
> 10 *Deseables más que el oro;*
> *sí, más que mucho oro fino,*
> *más dulces que la miel y*
> *que el destilar del panal.*
> 11 *Además, tu siervo es amonestado por ellos;*
> *en guardarlos hay gran recompensa.*

3 Según este pasaje, ¿cuáles son algunas de las bendiciones o recompensas de conocer y obedecer la Palabra de Dios?

Día 2: Encuentro con la verdad

LAS BASES DE LA VIDA CRISTIANA

Cuando eras niño, tal vez hayas cantado un coro llamado *El sabio construyó su casa sobre la roca*. Esa canción se basa en una parábola del Evangelio de Mateo, donde Jesús explicó la importancia de construir nuestras vidas sobre una base firme:

> 24 *Por tanto, cualquiera que oye estas palabras mías y las pone en*
> *práctica, será semejante a un hombre sabio que edificó su casa sobre*
> *la roca;* 25 *y cayó la lluvia, vinieron los torrentes, soplaron los vientos y*
> *azotaron aquella casa; pero no se cayó, porque había sido fundada sobre*
> *la roca.* 26 *Todo el que oye estas palabras mías y no las pone en práctica,*
> *será semejante a un hombre insensato que edificó su casa sobre la arena;*
> 27 *y cayó la lluvia, vinieron los torrentes, soplaron los vientos y azotaron*
> *aquella casa; y cayó, y grande fue su destrucción.* (Mateo 7:24-27)

La lección es bastante sencilla. El hombre sabio es *obediente* a la Palabra de Dios. Él construye su vida escuchando y haciendo la voluntad de Dios. Cuando las pruebas y las tentaciones lo asaltan (lo cual ocurrirá), no cae. Él está asegurado porque su fundamento es sólido. La persona necia, por otro lado, escucha la Palabra de Dios, pero no la pone en práctica. Cuando llegan las tormentas de la vida, al no tener fundamento, se derrumba.

La obediencia es fundamental para la vida cristiana. Sin obediencia, no hay fundamento. A menos que estemos viviendo en obediencia a lo que Dios dice, no tenemos nada sobre lo cual edificar nuestras vidas, nada sobre lo cual descansar para tener seguridad, y nada en lo que confiar cuando seamos probados. ¡Jesús dijo que esta es la manera de ser sabio! Confía en Él, síguelo, obedécelo y estarás edificando sobre la roca.

4 ¿Se te ocurre un ejemplo de cómo el conocer y obedecer las palabras de Cristo resultó ser una base sólida para tu vida durante un tiempo de prueba o adversidad?

Perspectiva adicional

Tanto en el Antiguo como en el Nuevo Testamento, las palabras que se traducen como «obedecer» están relacionadas con la idea de escuchar. La obediencia es una respuesta activa y positiva a la escucha de la Palabra de Dios. Jesús dijo: «[...] dichosos los que oyen la palabra de Dios y la guardan» (Lucas 11:28).

Punto clave

La obediencia es fundamental para la vida cristiana.

El único medio confiable de medir nuestro amor por Dios es examinar si le obedecemos. Podemos vestirnos como cristianos, actuar como cristianos, hablar como cristianos, pero nada de eso prueba que amamos genuinamente a Dios. La obediencia es el único camino.

Punto clave !

La obediencia es la prueba de nuestro amor por Dios.

5 Lee los siguientes versos y encierra en un círculo las distintas variaciones de la palabra «amar» y de la palabra «guardar».

> [21] *El que tiene mis mandamientos y los guarda, ese es el que me ama; y el que me ama será amado por mi Padre; y yo lo amaré y me manifestaré a él».*
>
> [23] *Jesús le respondió: «Si alguien me ama, guardará mi palabra; y mi Padre lo amará, y vendremos a él, y haremos con él morada.* [24] *El que no me ama, no guarda mis palabras; y la palabra que ustedes oyen no es mía, sino del Padre que me envió».* (Juan 14:21, 23-24)

6 Según estas declaraciones de Jesús, marca las siguientes declaraciones con una **T** (verdaderas) o con una **F** (falsas).

________ Puedo amar a Dios y no guardar sus mandamientos.

________ Si amo a Dios, le obedeceré y guardaré Sus mandamientos.

________ Mi obediencia es una señal de mi amor por Dios.

¿Ves la relación entre el amor y la obediencia? Si realmente amas a Dios, buscarás conocer y guardar sus mandamientos. Si no guardas sus mandamientos, no puedes decir sinceramente que lo amas. Las acciones hablan más que las palabras.

7 Cuando obedecemos a Dios, demostramos que lo amamos. Según este pasaje, ¿cómo influye nuestra obediencia a Dios en nuestra capacidad de conocerlo y de experimentar Su amor por nosotros?

8 ¿Tu vida manifiesta tu amor por Dios? ¿De qué manera? Escribe tu opinión.

Día 3: Encuentro con la verdad

LA OBEDIENCIA Y LA GLORIA DE DIOS

Hay muchos ejemplos en las Escrituras de personas que obedecieron y desobedecieron a Dios. Hoy veremos la vida de Moisés.

Dios le dio a Moisés una tarea enorme: construir el tabernáculo (Éxodo 25:1-9). Dios mismo diseñó esta estructura portátil peculiar que se convertiría en la pieza central de la cultura y del culto de Israel por siglos. Le dio a Moisés un plano detallado e instrucciones precisas con respecto a su construcción. Moisés era responsable de que los trabajadores hicieran todo tal y como Dios les había ordenado.

El proceso de construcción duró muchos meses y requirió variedades y cantidades de material sin precedentes y la cooperación de todos los hombres y mujeres de la nación. Cuando se completó el trabajo, sucedió algo asombroso: *la gloria de Dios llenó el tabernáculo*. Su presencia manifestada flotaba de una manera tan gloriosa que nadie, ni siquiera Moisés, podía estar en pie para entrar. ¡El Dios del cielo visitó la tierra!

Éxodo 39-40 registra el proceso de confección de las vestiduras sacerdotales y de la construcción del tabernáculo. Lee estos extractos y *subraya la frase clave que se repite en cada verso*:

> [39] [1] *Las vestiduras finamente tejidas para ministrar en el lugar santo se hicieron de tela azul, púrpura y escarlata, y también se hicieron las vestiduras sagradas para Aarón, tal como el Señor había mandado a Moisés.* [5] *El cinto hábilmente tejido que estaba sobre el efod, era del mismo material, de la misma hechura: de oro, de tela azul, púrpura y escarlata y de lino fino torcido, tal como el Señor había mandado a Moisés.* [7] *Bezalel las puso sobre las hombreras del efod, como piedras memoriales para los hijos de Israel, tal como el Señor había mandado a Moisés.* [32] *Así fue acabada toda la obra del tabernáculo de la tienda de reunión. Los israelitas hicieron conforme a todo lo que el Señor había mandado a Moisés. Así lo hicieron.* [43] [...] *Y Moisés los bendijo.*
>
> [40] [19] *Y extendió la tienda sobre el tabernáculo y puso la cubierta de la tienda arriba, sobre él, tal como el Señor había mandado a Moisés.* [21] *Y metió el arca en el tabernáculo y puso un velo por cortina y cubrió el arca del testimonio, tal como el Señor había mandado a Moisés.* [23] *y*

! Punto clave

Si queremos ver la gloria de Dios en avivamiento, debemos obedecer a Dios.

Perspectiva adicional

El tabernáculo era el lugar donde Dios se encontraba con Su pueblo; albergaba la presencia manifiesta de Dios, que los judíos llamaron la gloria *shekiná* de Dios. (Esta palabra hebrea, en realidad, no se encuentra en la Biblia). Significa, literalmente, «residencia o morada». Con el tiempo, llegó a significar la presencia visible de Dios.

"Ceder a la voluntad de Dios puede ser difícil, y a veces duele mucho. Pero siempre trae paz."

—John M. Perkins

puso en orden sobre ella los panes delante del Señor, tal como el Señor había mandado a Moisés.[25] y encendió las lámparas delante del Señor, tal como el Señor había mandado a Moisés. [27] y quemó en él incienso aromático, tal como el Señor había ordenado a Moisés. [29] y puso el altar del holocausto delante de la entrada del tabernáculo de la tienda de reunión, y ofreció sobre él el holocausto y la ofrenda de cereal, tal como el Señor había ordenado a Moisés. [32] Cuando entraban en la tienda de reunión y cuando se acercaban al altar, se lavaban, tal como el Señor había ordenado a Moisés.

9 ¿Qué frase clave subrayaste? ¿Por qué crees que Dios pudo haber inspirado que ese detalle en particular se repitiera tantas veces en este relato? ¿Qué te dice esa frase sobre Moisés y los hijos de Israel?

Ahora lee Éxodo 40:33-34:

[33] [...] Así terminó Moisés la obra. [34] Entonces la nube cubrió la tienda de reunión y la gloria del Señor llenó el tabernáculo.

"Cuidado con orar solo por una bendición. Busquemos primero la obediencia, y Dios traerá la bendición."

—Andrew Murray

10 ¿Qué ocurrió primero?

- La gloria de Dios llenó el tabernáculo
- Completa obediencia

11 ¿Cuál crees que es el significado detrás de este orden de eventos y del hecho de que la gloria de Dios no descendió hasta que el pueblo terminó de obedecer las instrucciones de Dios para la obra?

La gloria de Dios llenó el tabernáculo después de meses de obediencia por parte de Moisés y de los demás. Dios eligió manifestarse gloriosamente donde Su pueblo había sido fiel y obediente. De manera similar, si deseamos ver la gloria de Dios en avivamiento y despertar espiritual en nuestros días, debemos regresar a Él en plena obediencia.

12 Escribe una oración pidiéndole a Dios que te ayude a obedecer Sus mandamientos y a manifestar Su gloria en tu vida y a través de ella.

Día 4: Encuentro con la verdad

SAÚL, EL TIBIO

La bendición de Dios vino cuando Moisés y el pueblo de Israel obedecieron por completo. Pero los siervos de Dios que fueron líderes no siempre fueron tan sumisos. Considera, por ejemplo, a Saúl, el primer rey de Israel.

Lee los pasajes de las Escrituras a continuación y responde las preguntas correspondientes.

> [1] *Entonces Samuel dijo a Saúl: «El Señor me envió a que te ungiera por rey sobre su pueblo, sobre Israel; ahora pues, está atento a las palabras del Señor.* [2] *Así dice el Señor de los ejércitos: "Yo castigaré a Amalec por lo que hizo a Israel, cuando se puso contra él en el camino mientras subía de Egipto.* [3] *Ve ahora, y ataca a Amalec, y destruye por completo todo lo que tiene, y no te apiades de él; antes bien, da muerte tanto a hombres como a mujeres, a niños como a niños de pecho, a bueyes como a ovejas, a camellos como a asnos"».* (1 Samuel 15:1-3)

13 ¿En representación de quién le habló Samuel a Saúl? ¿Qué exactamente se le dijo a Saúl que hiciera?

> [5] *Saúl fue a la ciudad de Amalec y se emboscó en el valle.*[7] *Saúl derrotó a los amalecitas desde Havila en dirección a Shur, que está al oriente de Egipto.* [8] *Capturó vivo a Agag, rey de los amalecitas, y destruyó por completo a todo el pueblo a filo de espada.* [9] *Pero Saúl y el pueblo perdonaron a Agag, y lo mejor de las ovejas, de los bueyes, de los animales engordados, de los corderos y de todo lo bueno. No lo quisieron destruir por completo; pero todo lo despreciable y sin valor lo destruyeron totalmente.* (1 Samuel 15:5, 7-9)

14 ¿Saúl obedeció a Dios? ¿Por qué sí o por qué no? (Justifica tu respuesta).

! Punto clave

La obediencia parcial es desobediencia.

Perspectiva adicional

Los amalecitas eran descendientes del nieto de Esaú, Amalec. Vivían en la península del Sinaí y el desierto del Neguev al sur de Israel. Estuvieron bajo el juicio de Dios por haber atacado a los israelitas sin que estos los hubiesen provocado en el tiempo de Moisés (Éxodo 17:8-16; Deuteronomio 25:17-19).

[10] Entonces vino la palabra del Señor a Samuel: [11] «Me pesa haber hecho rey a Saúl, porque ha dejado de seguirme y no ha cumplido mis mandamientos». Y Samuel se conmovió, y clamó al Señor toda la noche. [12] Y se levantó Samuel muy de mañana para ir al encuentro de Saúl; y se le dio aviso a Samuel: Saúl se ha ido a Carmel, donde se ha levantado un monumento para sí, y dando la vuelta, ha seguido adelante bajando a Gilgal. [13] Entonces Samuel vino a Saúl, y Saúl le dijo: «¡Bendito seas del Señor! He cumplido el mandamiento del Señor». [14] Pero Samuel dijo: «¿Qué es este balido de ovejas en mis oídos y el mugido de bueyes que oigo?». [15] Y Saúl respondió: «Los han traído de los amalecitas, porque el pueblo perdonó lo mejor de las ovejas y de los bueyes, para sacrificar al Señor tu Dios; pero lo demás lo destruimos por completo». (1 Samuel 15:10-15)

Perspectiva adicional

Gilgal, una ciudad ubicada al norte de Jericó en el valle del río Jordán, fue el sitio de muchos eventos importantes en la historia de Israel. Parece haber sido un centro de adoración, y quizás esa fue la razón por la que Saúl fue allí para ofrecer un sacrificio. Pero debido a su desobediencia, Gilgal, que había sido el lugar de la coronación de Saúl, se convirtió en el lugar de su rechazo como rey por parte de Dios.

15 ¿Por qué se arrepintió Dios de haber hecho rey a Saúl?

16 ¿Qué evidencias del orgullo y de la hipocresía de Saúl ves en este pasaje hasta ahora?

17 A pesar de que Saúl había afirmado haber cumplido plenamente la voluntad de Dios, había evidencia de que no lo había hecho. ¿Qué tácticas usó Saúl para intentar explicar sus acciones?

De ser posible, lee el resto de 1 Samuel 15. Cuando Samuel reprendió a Saúl, este trató de espiritualizar su desobediencia. Él indicó que había tomado lo mejor del ganado para que el pueblo pudiera adorar a Dios (vv. 15, 21). Y en caso de que esa no fuera una razón aceptable, Saúl dio a entender que no fue idea suya, sino del pueblo (v. 21).

Más adelante en la conversación, Saúl finalmente admitió que había obrado mal, pero aun así se justificó: «He pecado. En verdad he quebrantado el mandamiento del Señor y tus palabras, porque temí al pueblo y escuché su voz» (1 Samuel 15:24).

1 Samuel 15:22-23 revela qué es lo esencial desde la perspectiva de Dios:

> 22 *Y Samuel dijo: «¿Se complace el Señor tanto en holocaustos y sacrificios como en*
> *la obediencia a la voz del Señor?*
> *Entiende, el obedecer es mejor que un sacrificio,*
> *y el prestar atención, que la grasa de los carneros.*
> 23 *Porque la rebelión es como el pecado de adivinación,*
> *y la desobediencia, como la iniquidad e idolatría.*
> *Por cuanto tú has desechado la palabra del Señor,*
> *él también te ha desechado para que no seas rey».*

En resumen, considera algunas de las cosas que podemos aprender sobre la obediencia al analizar la vida de Saúl:

- Aquellos que se jactan de su obediencia pueden estar tratando de encubrir la desobediencia.
- A los ojos de Dios, nada es más importante que la obediencia.
- La desobediencia revela un corazón rebelde.
- Ningún acto de desobediencia es pequeño. Al igual que con la adivinación (hechicería, NTV), la rebelión nos guía al reino y a la influencia de Satanás (v. 23).

También es importante que comprendamos que desobedecer trae consecuencias. Saúl perdió su puesto, ya que Dios le quitó el reino, y tuvo que quedarse al margen, avergonzado, y ver cómo alguien más lograba lo que

> "Obedecer la voluntad de Dios es más importante que satisfacer las expectativas culturales."
>
> - Tony Evans

Dios le había dicho a él que hiciera (v. 28). Saúl también perdió la amistad y el consejo piadoso de Samuel.

La obediencia parcial es desobediencia. A Dios no le interesa escucharnos decir: «Haré cualquier cosa menos ____________». Tampoco hay excusas aceptables para no cumplir plenamente lo que Él nos ha dicho que hagamos.

18 Si Dios examinara mi corazón, Él diría que:

- ❍ Soy parecido a Moisés: me esfuerzo por obedecer completamente a Dios.
- ❍ Soy parecido a Saúl: a menudo obedezco a Dios solo parcialmente y luego me justifico o culpo a otros por mi desobediencia.
- ❍ No muestro ninguna preocupación por si le estoy obedeciendo o no.

19 Según 1 Samuel 15:22, Dios se deleita más cuando Sus hijos obedecen Su voz que en cualquier otra cosa que puedan darle o hacer por Él. ¿Quieres agradar a tu Padre celestial? Si es así, escribe una breve oración expresando tu deseo de deleitar Su corazón a través de tu obediencia.

Día 5: Aplícalo a tu vida

LA PRUEBA DE COEFICIENTE DE OBEDIENCIA

¿Cuál es el mayor obstáculo para el avivamiento? ¿Será la falta de obediencia? Cada paso que damos en desobediencia representa un paso que nos alejamos de Dios. Asimismo, cada paso que damos en obediencia nos acerca más a él. Recuerda la súplica de Dios en Malaquías 3:7: «[...] "Vuelvan a mí y yo volveré a ustedes", dice el Señor de los ejércitos».

Si hablamos con total sinceridad, muchos admitiríamos que ya conocemos uno o más pasos específicos de obediencia que debemos dar para regresar al Señor. Quizás haya algo que Dios nos haya dicho que hagamos y que aún no hemos hecho, algo que continuamos haciendo y que sabemos que no le agrada, o algún límite que hemos puesto en lo que estamos dispuestos a hacer por Él.

Detente por un momento para orar. Pídele a Dios que te muestre cualquier asunto en el que no estés caminando en completa obediencia. Pídele que te lleve a una actitud de disposición y entrega mientras consideras las siguientes preguntas sobre el «coeficiente de obediencia».

> "Para experimentar un avivamiento, generalmente no necesitamos escuchar más verdades; basta con que obedezcamos lo que ya sabemos."
>
> —Del Fehsenfeld

1. ¿Hay algo que yo sepa que Dios quiere que haga y que todavía no he hecho? Por ejemplo:

- ○ perdonar a alguien y reconciliarme con esa persona.
- ○ llamar o escribir a un hermano o hermana en Cristo para animarlo/a.
- ○ honrar a mis padres.
- ○ dedicar más tiempo a mi cónyuge o a mis hijos.
- ○ salir de deudas.
- ○ deshacerme de algo material que se haya apoderado de mi corazón.
- ○ darle algo a una persona necesitada.
- ○ hablarle de Cristo a una persona en particular.
- ○ honrar el domingo.
- ○ desarrollar un hábito diario de lectura de la Biblia y de oración.
- ○ mostrarle hospitalidad a alguien.
- ○ rendirme al servicio cristiano vocacional.

> "La obediencia a la voluntad de Dios es el secreto del conocimiento y de la intuición espiritual. No se trata de la disposición de conocer, sino de la disposición de HACER (obedecer) la voluntad de Dios lo que trae certeza."
>
> —Eric Liddell

- ❍ aceptar un trabajo nuevo.
- ❍ renunciar a un trabajo.
- ❍ cuidar mi cuerpo, comer bien o hacer ejercicio.
- ❍ dar con generosidad para apoyar a mi iglesia y a otros ministerios del reino.

Esta lista y las que siguen no pretenden ser exhaustivas. Si lo que crees que Dios quiere que hagas no está en la lista, escríbelo aquí.

Sé que Dios quiere que yo . . .

2. ¿Sigo haciendo algo que sé que Dios quiere que deje de hacer? Por ejemplo:

- ❍ una actividad recreativa o una afición que consume demasiado tiempo.
- ❍ gastos en exceso, no pago mis deudas.
- ❍ discuto todo el tiempo.
- ❍ blasfemo y hablo con malas palabras.
- ❍ coqueteo.
- ❍ apuesto.
- ❍ chismorreo, calumnio, critico a los demás.
- ❍ guardo resentimiento.
- ❍ pierdo los estribos.
- ❍ miento, engaño, le robo a mi empleador o a otra persona.
- ❍ me desenvuelvo con violencia.
- ❍ miro pornografía.
- ❍ como en exceso, fumo, bebo, consumo drogas u otras adicciones.
- ❍ cometo adulterio (emocional o físico).
- ❍ miro demasiada televisión o programas y películas incorrectos.

Si lo que Dios quiere que dejes de hacer no está en esta lista, escríbelo a continuación.

Sé que Dios quiere que deje de . . .

3. ¿He puesto límites a lo que estoy dispuesto a hacer por Dios? ¿Me resisto a...

- ❍ sacrificar mi tiempo para servir a los demás?
- ❍ dar con sacrificio de mis posesiones y de mis recursos para promover el reino de Dios?
- ❍ dedicar tiempo a diario para estudiar la Biblia y orar?
- ❍ involucrarme con los pobres y los necesitados para alcanzarlos con el amor de Dios?
- ❍ reducir mis horas de trabajo y, si es necesario, mis ingresos para satisfacer las necesidades espirituales de mi familia?
- ❍ mudarme a un lugar nuevo o desconocido para compartir el evangelio con personas no alcanzadas?
- ❍ romper las amistades y las relaciones que me alejan de Cristo?
- ❍ defender la justicia, incluso a riesgo de ser malinterpretado o ridiculizado?
- ❍ comprometerme a participar de forma activa en una iglesia local?
- ❍ [maridos] amar a mi esposa más que a mí mismo y a brindarle liderazgo espiritual a mi familia?
- ❍ [esposas] respetar y someterme a mi esposo?

A continuación, escribe otros límites que hayas puesto a lo que estás dispuesto a hacer para agradar a Dios.

Confieso que no he querido...

"Dios es Dios; por ser quien es, es digno de mi confianza y obediencia. No encontraré descanso en ningún lugar fuera de su santa voluntad, una voluntad que está absolutamente más allá de mis mayores nociones de lo que Él está haciendo."

—Elisabeth Elliot

4. Si supieras que Jesús va a regresar en tres días, ¿estarías listo para encontrarte con Él porque has llevado una vida de obediencia?

- ❍ No. Me sentiría avergonzado de encontrarme con Cristo en mi condición actual.
- ❍ Sí. He estado viviendo de tal manera que recibiría a Cristo con alegría.

Si respondiste que no, ¿qué tendrías que hacer para estar preparado para Su regreso?

Para estar listo para encontrarme con Cristo, necesitaría . . .

Toma la decisión de empezar a obedecer a Dios, tanto en las cosas pequeñas como en las grandes. Recuerda que, en realidad, tal vez ni siquiera tengas tres días. ¡Cristo puede venir en cualquier momento! Mientras tanto, la obediencia completa y sincera te brindará un cimiento sólido para tu vida, sin importar las tormentas que vengan, y preparará el camino para que la gloria de Dios se revele en tu vida y a través de ella.

Buscándole *juntos*

Inicio

1. La última vez hablamos sobre la búsqueda de la santidad personal. Ese viaje dura toda la vida, pero comienza con un paso y luego con otro. Desde que el grupo se reunió por última vez, ¿qué bendiciones o desafíos han experimentado en su búsqueda de la santidad?

> "No nací para ser libre. Nací para adorar y obedecer."
>
> —C. S. Lewis

Discusión

2. Piensa en la historia de «Historias que edifican la fe». ¿Cómo le responderías a alguien que le dijera a ese empresario: «Lo que estás haciendo no está mal; es solo una práctica comercial común, ¡todos lo hacen! ¡No necesitas confesarlo ni resarcir nada!»?

3. ¿Sientes que este hombre obedeció a Dios con gozo o de mala gana? ¿Cómo lo sabes?

4. ¿Qué refleja nuestro «coeficiente de obediencia» personal acerca de nuestra relación con Dios?

Buscándole juntos

5. Lee Mateo 7:24-27 en voz alta. ¿De qué manera nos prepara la obediencia a Cristo y a Su Palabra para enfrentar las inevitables tormentas de la vida?

¿Puedes pensar en un caso de la vida real de alguien que:

- Haya construido su casa (es decir, su vida) en la arena y se haya derrumbado bajo presión? (No compartas detalles privados o innecesarios).

- Haya construido su casa sobre la roca de la obediencia a la Palabra de Cristo y haya sido sostenido durante una gran tormenta?

> "Debemos obedecer con fe antes de sentirnos mejor o diferentes."
>
> —Rosaria Butterfield

6. ¿Qué bendiciones o consecuencias has cosechado personalmente de algún acto de obediencia o desobediencia en tu vida?

7. ¿Qué lección aprendiste del relato de la construcción del tabernáculo bajo la dirección de Moisés (Éxodo 39-40)?

8. ¿Por qué es tan importante obedecer a Dios completamente? ¿Por qué no basta con obedecer en parte o aun la mayoría de lo que Él dice?

9. Además de las cuatro ideas que se enumeran en la página 133 (Día 4), ¿qué podemos aprender sobre la obediencia y la desobediencia de la vida del rey Saúl?

10. Si te sientes cómodo, comparte un testimonio personal de cómo Dios te ha tratado o cómo está tratando contigo como resultado del ejercicio de «Aplícalo a tu vida». Si quieres, comparte un paso específico de obediencia que Dios te haya guiado a tomar esta semana.

"Feliz es el alma que [...] se mantiene en las manos de su Creador sin cesar, dispuesta a hacer todo lo que Él desee, y que se pregunta sin descanso cien veces al día: 'Señor, ¿qué quieres que haga?'."

—François Fénelon

Ora por avivamiento

¿Hay algún tema en particular relacionado a la obediencia (un paso difícil de obediencia que sabes que debes tomar o un área en particular en la que te resulte muy difícil obedecer a Dios) por el que Dios te haya dado convicción de pecado? Reúnete con otra persona y comparte tu respuesta a esa pregunta. Sé lo más sincero posible. Recuerda: no puedes obedecer a Dios sin Su gracia, ¡y Dios da gracia a los que se humillan! Tómense un momento para orar el uno por el otro con respecto a lo que hayan compartido. Ofrécele a tu compañero de oración ponerte en contacto durante la próxima semana para ver cómo le está yendo.

LECCIÓN 8

Conciencia limpia:

LIDIANDO CON LAS OFENSAS A OTROS

Las primeras siete lecciones de este estudio se han centrado principalmente en el aspecto vertical del avivamiento, es decir, en nuestra relación con Dios. Ahora cambiaremos de enfoque para considerar las implicaciones horizontales del avivamiento, es decir, cómo una relación correcta con Dios influye en nuestras relaciones con los demás.

El apóstol Pablo entendió la necesidad de ambas dimensiones. Él dijo: «[...] me esfuerzo por conservar siempre una conciencia irreprensible delante de Dios y delante de los hombres» (Hechos 24:16). Pablo buscaba estar bien en todo momento con Dios y con los demás. Siempre que él pudiera, quería asegurarse de que no hubiera ninguna ofensa entre él y cualquier otra persona.

El compromiso de tener la conciencia limpia es una clave importante para el avivamiento personal y colectivo. Cuando nuestra conciencia está limpia, no tenemos nada de qué avergonzarnos. En esta lección, exploraremos lo que significa tener una conciencia limpia delante de los demás y descubriremos algunos pasos prácticos para obtener y mantener una conciencia limpia.

Verso para memorizar

«Por esto, yo también me esfuerzo por conservar siempre una conciencia irreprensible delante de Dios y delante de los hombres».

(Hechos 24:16)

Profundiza en la Palabra

- Romanos 2:12-16
- Hebreos 9:11-14
- 1 Pedro 3:13-17
- 1 Juan 3:19-24

Día 1: Historias que edifican la fe

1 ¿Puedes pensar en una ocasión en la que el Espíritu Santo te haya traído convicción sobre un pecado que cometiste contra otra persona y en la que no tuviste paz en tu conciencia hasta no arreglarlo con esa persona? Si es así, escribe sobre tu experiencia.

Lee la siguiente historia sobre un hombre que estaba dispuesto a hacer lo que fuera necesario para tener una conciencia limpia delante de Dios y de su empleador.

> Fui supervisor de ingeniería en uno de los mayores contratistas de defensa del gobierno de los EE. UU. En ese puesto, tenía autorización de seguridad de alto nivel. Durante una cumbre de avivamiento en mi iglesia, Dios comenzó a traerme convicción de pecado por haber mentido años atrás al llenar los formularios de autorización de seguridad. Específicamente, había mentido sobre mi consumo de drogas durante mi etapa de estudiante universitario. El formulario dejaba en claro que cualquier declaración falsa intencional podría dar lugar a «penas de prisión de hasta diez años y a una multa de hasta diez mil dólares». Había consumido drogas repetidamente mientras estaba en la universidad y en algunas ocasiones aisladas después de eso. Sabía que si decía la verdad en la solicitud, probablemente no iba a conseguir el trabajo. Entonces mentí.
>
> Recuerdo no poder dormir en la noche, no podía dejar de pensar en todo esto. Al principio, traté de apaciguar a Dios solucionando algunas cosas más pequeñas en mi vida. Pero incluso después de hacerlo, seguía sin tener paz. Finalmente, le dije a mi esposa que para estar bien con Dios, tenía que volver a enviar mis papeles. Le expliqué que esto podría conducir a una investigación completa del FBI y que podría perder mi trabajo.
>
> Corregí mis papeles y adjunté una nota en la que explicaba que le había entregado mi vida a Jesucristo y en la que confesaba que había mentido al llenar mis formularios de seguridad. Les pedí que me perdonaran y les dije cuánto lamentaba haber mentido. Todavía

«El enemigo me agobiaba y me decía que estaba arruinando mi trabajo y mi vida por nada.»

día UNO

recuerdo caminar por el pasillo con ese sobre en la mano. El enemigo me agobiaba y me decía que estaba arruinando mi trabajo y mi vida por nada.

Pasó casi una semana antes de que supiera algo. Finalmente, mi jefe me llamó a su oficina. El director de seguridad estaba allí. «La Marina ha pedido que te suspendan en espera de una investigación —indicó—. Tendré que llevarme tu placa de seguridad».

Se me permitió seguir trabajando e incluso supervisar a mi equipo, pero ya no tenía autorización de seguridad para entrar al edificio. Me dieron un escritorio en el pasillo y, en consecuencia, ¡tuve constantes oportunidades de explicar lo que Dios había hecho en mi vida! La gente me decía que estaba loco por confiar en el departamento de seguridad para que manejaran mi caso. Pero les dije que no confiaba en el departamento de seguridad; confiaba en Dios.

Continué como supervisor del proyecto durante los siguientes meses. Finalmente, me pidieron que me sometiera a una investigación completa del Departamento de Defensa. Mi jefe temía que la investigación se prolongara indefinidamente. Me sentía dividido entre Cristo y el mundo. ¿Cómo podía esperar que lo entendieran? Finalmente me dijeron que el FBI me había absuelto. Completé esa asignación y luego me reasignaron a otra área que me brindó una situación aún mejor para mi familia y para mí.

Nunca me arrepentí de lo que hice. La absoluta impotencia de depender solo de Dios era exactamente lo que necesitaba.

«La absoluta impotencia de depender solo de Dios era exactamente lo que necesitaba».

2 Si este hombre hubiera acudido a ti en busca de consejo sobre si debía o no admitirle su engaño a su jefe, ¿qué consejo le habrías dado? (Sé especifico, no te limites a decir «deberías hacerlo» o «no deberías hacerlo»).

Antes de que podamos tener una conciencia limpia delante de los demás, nuestra conciencia debe estar limpia delante de Dios. Hebreos 10:19-23 explica la única forma posible:

> 19 *Entonces, hermanos, puesto que tenemos confianza para entrar al*
> *Lugar Santísimo por la sangre de Jesús,* 20 *por un camino nuevo y vivo*
> *que él inauguró para nosotros por medio del velo, es decir, su carne,*
> 22 *acerquémonos con corazón sincero, en plena certidumbre de fe,*
> *teniendo nuestro corazón purificado de mala conciencia y nuestro*
> *cuerpo lavado con agua pura.* 23 *Mantengamos firme la profesión de*
> *nuestra esperanza sin vacilar, porque fiel es aquel que prometió.*

3 ¿Por qué podemos acercarnos a Dios con una conciencia limpia y en plena certidumbre? Tómate un tiempo ahora para agradecer a Dios por Su provisión que hace posible que nos acerquemos a Él con un corazón puro y con una conciencia limpia.

Día 2: Encuentro con la verdad

¿QUÉ SIGNIFICA TENER UNA CONCIENCIA LIMPIA?

Tener una conciencia limpia significa que no hay obstáculos en nuestra comunión con Dios ni con nadie más. Significa que tenemos cuidado de evitar pecar contra Dios o contra otros con nuestras palabras, acciones o actitudes. También significa que cuando pecamos, nos arrepentimos rápidamente, admitimos nuestro fracaso a todas las partes ofendidas, les pedimos perdón y hacemos cualquier resarcimiento que sea necesario.

Tener una conciencia limpia delante de los demás significa que hemos tomado todas las medidas necesarias para lidiar con cada pecado que hayamos cometido contra cualquier otra persona. Significa que podemos mirar a todos los que conocemos a los ojos sin vergüenza y saber que estamos bien con ellos (al menos hasta donde depende de nosotros).

El profeta Samuel del Antiguo Testamento fue un héroe en Israel. Había sido un fiel consejero espiritual durante muchos años, su vida era estable y su liderazgo siempre había sido confiable, incluso en tiempos de caos nacional. En 1 Samuel 12 vemos que toda la nación se había reunido para escucharlo. Él ya era un anciano y su reputación era bien conocida entre toda la gente. Hizo al pueblo una pregunta asombrosa y recibió una respuesta igualmente notable.

> [1] *Entonces Samuel dijo a todo Israel: «Yo he escuchado su voz en todo lo que me dijeron, y he puesto un rey sobre ustedes. 2 Ahora, aquí está el rey que va delante de ustedes. Yo ya soy viejo y lleno de canas, y mis hijos son parte suya. Yo he andado delante de ustedes desde mi juventud hasta hoy.* [3] ***Aquí estoy; testifiquen contra mí delante del Señor y delante de Su ungido. ¿A quién he quitado un buey, o a quién he quitado un asno, o a quién he defraudado? ¿A quién he oprimido, o de mano de quién he tomado soborno para cegar mis ojos con él? Testifiquen, y se lo restituiré».*** [4] *Ellos respondieron: «Tú no nos has defraudado, tampoco nos has oprimido, ni has tomado nada de mano de ningún hombre».* (1 Samuel 12:1-4)

! Punto clave

Tener una conciencia limpia significa no tener ningún pecado no confesado entre tú y Dios o entre tú y cualquier otra persona.

☼ Perspectiva adicional

A menudo considerado el último de los jueces y el primero de los profetas, Samuel fue llamado por Dios cuando era apenas un niño (1 Samuel 3). Él proporcionó liderazgo y estabilidad en Israel durante muchos años y vivió lo suficiente para ungir a Saúl y a David como reyes. Murió alrededor del año 1000 A.C.

Perspectiva adicional

Al igual que Samuel, deberíamos poder estar ante todos los que conocemos sin que nadie nos acuse de haberles hecho mal y de no haberlo corregirlo.

4 Piensa en cómo Samuel podría haber redactado su discurso si hubiera estado hablando a una audiencia de hoy en día. Parafrasea con tus propias palabras la parte que está arriba en negrita, como si se estuviera diciendo en el contexto de una reunión familiar, un lugar de trabajo o una iglesia.

5 ¿Por qué crees que Samuel podía ser tan vulnerable y transparente con las personas que dirigía?

6 El pueblo de Israel conocía bien a Samuel; habían observado su vida por muchos años. ¿Qué nos dice su respuesta sobre el carácter de Samuel?

La vida de Samuel ilustra maravillosamente lo que significa tener una conciencia limpia. Él podía pararse ante estas personas que lo conocían y que habían observado su vida, preguntarles qué mal les había hecho y no tener un acusador. ¡Ni uno!

7 Si estuvieras frente a todas las personas que conoces y les hicieras las preguntas que Samuel les hizo a quienes mejor lo conocían, ¿obtendrías la misma respuesta?

- ❍ Sí, la respuesta sería la misma. Hasta donde yo sé, mi conciencia está completamente limpia y no tendría acusadores.
- ❍ No, recibiría una respuesta diferente. Algunos podrían acusarme justificadamente de haberlos agraviado y de no haber intentado nunca corregirlo.

Cualquier hijo de Dios que se tome en serio la búsqueda del Señor y el avivamiento personal se comprometerá a mantener una conciencia limpia delante de los demás. A fin de cuentas, este es el contexto en el que se demuestra de forma práctica el arrepentimiento genuino, la humildad y la santidad.

Esta semana nos ocupamos de uno de los principios más poderosos y prácticos del avivamiento personal. También puede ser uno de los más difíciles. Si deseas obedecer a Dios obteniendo y manteniendo una conciencia limpia, tómate un momento para hacer esta oración con el corazón y luego sella tu compromiso con el Señor firmando tu nombre a continuación:

Señor, quiero tener una conciencia limpia delante de todas las personas que conozco. Por favor, revélame cualquier problema que deba resolver con los demás y, por Tu gracia, haré todo lo que me indiques para corregir estos asuntos.

Firma ____

"La riqueza y el poder no son las cosas más importantes de la vida. Lo verdaderamente importante es tener la conciencia limpia."

-Eraldo Banovacnsight

día DOS

Día 3: Encuentro con la verdad

RECONCILIACIÓN CON DIOS Y CON LOS DEMÁS

¿Has considerado alguna vez que Jesús se toma personalmente lo que le hacemos o decimos a otra persona? Dos pasajes del Nuevo Testamento lo dejan bien en claro. En Mateo 25, Jesús elogia a los justos por atender sus necesidades prácticas y personales, y condena a los malvados por no hacerlo. Ambos grupos están perplejos sobre cuándo o cómo podrían haber hecho esto.

> [37] *Entonces los justos le responderán, diciendo: «Señor, ¿cuándo te vimos hambriento y te dimos de comer, o sediento y te dimos de beber?* [38] *¿Y cuándo te vimos como extranjero y te recibimos, o desnudo y te vestimos?* [39] *¿Cuándo te vimos enfermo o en la cárcel y vinimos a ti?».* [40] *El Rey les responderá: «En verdad les digo que en cuanto lo hicieron a uno de estos hermanos míos, aun a los más pequeños, a mí lo hicieron».* [45] *[...] «En verdad les digo que en cuanto ustedes no lo hicieron a uno de los más pequeños de estos, tampoco a mí lo hicieron».* (Mateo 25:37-40, 45)

Perspectiva adicional

En Mateo 25:31-46, Jesús habla de un juicio que tendrá lugar durante Su reinado terrenal, descrito en Apocalipsis 20:4-6.

Hechos 9 es el conocido relato de la conversión de Saulo de Tarso. Lee la primera parte a continuación:

> [1] *Saulo, respirando todavía amenazas y muerte contra los discípulos del Señor, fue al sumo sacerdote,* [2] *y le pidió cartas para las sinagogas de Damasco, para que si encontraba algunos que pertenecieran al Camino, tanto hombres como mujeres, los pudiera llevar atados a Jerusalén.*
>
> [3] *Y mientras viajaba, al acercarse a Damasco, de repente resplandeció a su alrededor una luz del cielo.* [4] *Al caer a tierra, oyó una voz que le decía: «Saulo, Saulo, ¿por qué me persigues?».*
> [5] *«¿Quién eres, Señor?», preguntó Saulo. El Señor respondió: «Yo soy Jesús a quien tú persigues;* (Hechos 9:1-5)

8 Según los versos 1 y 2, ¿a quién perseguía Saulo?

____

____

9 Cuando Jesús le habló a Saulo, ¿a quién dijo que estaba persiguiendo (vv. 4-5)?

____

10 ¿Qué perspectiva observas en estos dos pasajes (Mateo 25 y Hechos 9) acerca de cómo Dios ve nuestras acciones hacia los demás?

El bien y el mal que le hacemos a los demás, se lo hacemos a Jesús. Esta verdad por sí sola debería ser razón suficiente para que siempre nos esforcemos por mantener la conciencia limpia. ¿Le mentiríamos a Jesús? ¿Le robaríamos? ¿Creeríamos rumores infundados acerca de Él y luego los difundiríamos como verdad? ¿Nos irritaríamos con Cristo? ¿Lo menospreciaríamos o lo criticaríamos? ¿Le guardaríamos rencor o le aplicaríamos el tratamiento del silencio? Jesús dice: «[...] en cuanto lo hicieron a uno de estos hermanos míos, aun a los más pequeños, a mí lo hicieron» (v. 40).

11 Pídele a Dios que traiga a tu mente a las personas que hayas tratado de forma perjudicial para ellas (y, por lo tanto, para Cristo). Busca el perdón del Señor y de esas personas y pídele a Dios que te muestre cómo tener una conciencia limpia delante de esa persona.

El avivamiento y la reconciliación son inseparables. *No puedes estar bien con Dios y no estar bien con tu prójimo*. Cuando nuestra relación con Dios se aviva, nuestras relaciones con los demás cambian. Las relaciones rotas se reparan, y la amargura, el rencor, el espíritu crítico, la ira y los conflictos son reemplazados por amor genuino, perdón, humildad y unidad.

Considera el avivamiento que abarcó gran parte de Canadá y partes de los Estados Unidos a principios de la década de los setenta. El epicentro de este movimiento fue la Iglesia Bautista Ebenezer de Saskatoon (Saskatchewan). Durante los primeros días de este avivamiento, dos hermanos se reconciliaron de una forma maravillosa. Antes de eso, no se habían hablado por dos años, ¡a pesar de que asistían a la misma iglesia! Una noche, Dios rompió su dureza y orgullo, y se abrazaron entre sollozos. La iglesia no pudo evitar notar el cambio drástico en ellos, y Dios usó grandemente su testimonio para difundir y profundizar la obra de avivamiento.

"El propósito de la venida de Jesús es arreglar el mundo entero y renovar y restaurar la creación; no es escapar de ella. No se trata solo de traer paz y perdón al individuo, sino también justicia y *shalóm* al mundo"

—Timothy Keller

! Punto clave

El avivamiento y la reconciliación van de la mano.

Las relaciones correctas, especialmente dentro de la familia de Dios, son uno de los medios más poderosos para comunicarle el evangelio a un mundo perdido. Nuestro Dios es reconciliador y, cuando los creyentes no pueden llevarse bien entre sí o no resuelven los conflictos bíblicamente, lo que hacemos es desacreditar el evangelio. Cuando el pueblo de Dios se reconcilia entre sí, demostramos el poder del evangelio y lo hacemos creíble.

En Efesios 2, Pablo explica que debido a que Cristo nos ha reconciliado con Dios, ahora podemos reconciliarnos con los demás.

> [12] *Recuerden que en ese tiempo ustedes estaban separados de Cristo, excluidos de la ciudadanía de Israel, extraños a los pactos de la promesa, sin tener esperanza y sin Dios en el mundo.* [13] *Pero ahora en Cristo Jesús, ustedes, que en otro tiempo estaban lejos, han sido acercados por la sangre de Cristo.* [14] *Porque él mismo es nuestra paz, y de ambos pueblos hizo uno, derribando la pared intermedia de separación,* [15] *poniendo fin a la enemistad en su carne, la ley de los mandamientos expresados en ordenanzas, para crear en él mismo de los dos un nuevo hombre, estableciendo así la paz,* [16] *y para reconciliar con Dios a los dos en un cuerpo por medio de la cruz, habiendo dado muerte en ella a la enemistad.* (Efesios 2:12-16)

Perspectiva adicional

En Efesios 2, Pablo se refiere específicamente a la reconciliación de judíos y gentiles con Dios y entre sí. Sin embargo, ese principio también se aplica a otras relaciones.

12 ¿Sobre qué base pueden reconciliarse con Dios los pecadores que están alejados (v. 13)?

13 ¿Sobre qué base pueden reconciliarse las personas que están alejadas unas de otras (vv. 14-16)?

día TRES

A través de la cruz de Cristo, aquellos que una vez estuvieron separados de Dios pueden acercarse a Él. Y a través de esa misma cruz se ha derribado «la pared intermedia de separación» que existe entre nosotros y los demás, lo que nos permite reconciliarnos y vivir en paz unos con otros.

14 Detente por un momento y haz un inventario personal rápido. ¿Tienes una relación rota o tensa con alguien?

- ❍ Sí.
- ❍ No que yo sepa.

15 Marca cualquiera de las siguientes actitudes, respuestas o problemas que tengas actualmente en tu corazón:

- ❍ Sentimientos heridos
- ❍ Espíritu crítico
- ❍ Deseo de venganza
- ❍ Enojo
- ❍ Resentimiento
- ❍ Conflictos sin resolver
- ❍ Amargura
- ❍ Llevar la cuenta de todo
- ❍ Otro: ____________

16 Lee Mateo 5:23-24. Con este pasaje en mente, reflexiona sobre las diversas formas en que estás sirviendo a Dios actualmente (por ejemplo, enseñando en una clase, ofrendando, asistiendo a los servicios de adoración, testificando). Ahora visualiza una señal de tráfico colgando entre tú y esa actividad. ¿Dios te está llamando a parar o continuar? ¿Te está dando luz verde porque tu conciencia está limpia o luz roja en señal de que debes reconciliarte con alguien para que tu adoración y tu servicio sean aceptables para Él?

> "El pecado es social: aunque es ante todo manera de desafiar a Dios, no hay pecado que no influya en la vida de los demás."
>
> —D. A. Carson

Día 4: Aplícalo a tu vida

«Reconciliación» suena maravilloso, ¿no? ¿Quién no querría experimentar la emoción de recuperar a un amigo perdido hace mucho tiempo o de convertir a un enemigo en un aliado? Pero estas cosas no suceden por casualidad. Al menos una de las partes debe tomar el camino de la humildad y aceptar la responsabilidad personal por cualquier actitud o acción incorrecta. (En la próxima lección, consideraremos el papel del perdón en la reconciliación).

Punto clave !

Si hemos hecho mal a otro, debemos humillarnos y hacer lo que sea necesario para tener una conciencia limpia delante de Dios y de esa persona.

La reconciliación requiere que demos todos los pasos necesarios para que nuestra conciencia esté limpia delante de aquellos a quienes hemos ofendido o agraviado de alguna manera. Como leemos en el Día 3, Jesús enfatizó este proceso en Su Sermón del monte:

> 23 Por tanto, si estás presentando tu ofrenda en el altar, y allí te acuerdas que tu hermano tiene algo contra ti, 24 deja tu ofrenda allí delante del altar, y ve, reconcíliate primero con tu hermano, y entonces ven y presenta tu ofrenda. (Mateo 5:23-24)

17 ¿Por qué reconciliarnos con los demás es más importante para Dios que cualquier ofrenda que le podamos ofrecer? ¿Cómo están interconectadas nuestra relación con Dios y con los demás?

Jesús dijo que si recordamos que otro creyente tiene algo en nuestra contra, debemos dejar de hacer lo que estamos haciendo y ocuparnos de ello de inmediato, ¡incluso si estamos en medio de un servicio de adoración! No debemos avanzar más en nuestro esfuerzo por adorarle, servirle o darle una ofrenda. Primero debemos ir y reconciliarnos con ese hermano ofendido. Hasta que no lo hagamos, cualquier actividad espiritual que emprendamos carecerá de sentido.

Entonces, ¿cómo se hace para tener la conciencia limpia? A continuación, se incluyen algunas pautas prácticas que te ayudarán a comenzar. Hoy veremos los dos primeros pasos y luego cubriremos varios más el Día 5.

1. Haz una lista.

Reserva un tiempo de calidad en el que puedas estar solo y sin interrupciones. Empieza con una oración. Disponte a estar de acuerdo con Dios sobre todo lo que Él te muestre. *Luego, pídele que escudriñe tu corazón y que te recuerde a cada persona a la que le hayas hecho daño o con la que tengas un conflicto no resuelto.*

Haz una lista de cada persona que Dios te recuerde. A medida que escribas cada nombre, también escribe cómo has pecado contra cada una. Sé lo más específico posible sobre las formas en que hayas hecho daño a cada persona.

Aquí hay algunas preguntas para comenzar a pensar. Estas preguntas no pretenden ser exhaustivas; Dios puede señalar otras áreas o categorías de personas con las que debas limpiar tu conciencia. Algunos de los problemas que Dios trae a la mente pueden estar en tu pasado y otros pueden ser actuales. Ya sea que tu ofensa haya ocurrido hace cincuenta años o hace cincuenta minutos, si no te has ocupado de ella, anótala en la lista.

> Utiliza las preguntas a continuación para ayudarte a determinar lo siguiente:
> *¿Con quién debo limpiar mi conciencia? ¿Contra quién he pecado y nunca volví a buscar su perdón y corregir la situación?*

A. ¿Tienes la conciencia limpia delante de tu familia?

- ¿Estás engañando a tu familia de alguna manera?
- ¿Eres perezoso o negligente en tus deberes en el hogar?
- ¿Tienes hábitos que irritan o frustran a tu familia?
- ¿Estás enojado, resentido o tienes una actitud abusiva con algún miembro de la familia?
- ¿Has herido el espíritu de tu pareja?
- ¿Le has negado tu amor a tu cónyuge o a alguno de tus hijos?
- ¿Has deshonrado a tus padres o a los padres de tu cónyuge?
- ¿Has fallado en mantener a tu familia o en entregarte sexualmente a tu pareja?
- ¿Has roto alguna promesa a tu familia? ¿Has roto tus votos matrimoniales?

Perspectiva adicional

Si lo primero que se te viene a la mente al pensar en alguien es ira, resentimiento, pavor o miedo, ¡es probable que debas agregar a esa persona a tu lista!

> "No hay almohada más suave que una conciencia limpia."
>
> —Proverbio Francés

día CUATRO

B. ¿Tienes la conciencia limpia delante de la familia de tu iglesia?

- ¿Has sido culpable de chismorrear, de calumniar o de tener un espíritu crítico hacia tu pastor o alguno de los líderes de tu iglesia?
- ¿Dios ha puesto en tu corazón algún área de servicio que no hayas estado dispuesto a realizar?
- ¿Tienes pensamientos y actitudes críticas hacia alguien de tu iglesia? ¿Has verbalizado esos pensamientos ante los demás?
- ¿Tienes una actitud de superioridad hacia la familia de tu iglesia?
- ¿Has fallado en dar con generosidad de tus ingresos al Señor?
- ¿Has fallado en seguir al Señor al ser bautizado?
- ¿Has abusado de tu papel de liderazgo en la iglesia de alguna manera?
- ¿Has sido un hipócrita, sirviendo en la iglesia y dando la impresión de ser una persona espiritual mientras encubrías la desobediencia o la falta de un corazón sincero hacia Dios?

C. ¿Tu conciencia está limpia ante el mundo incrédulo?

- ¿Has provocado o contribuido a alguna disputa en tu vecindario o comunidad?
- ¿Has robado de algún negocio (hurto en tiendas, te cobraron de menos y no dijiste nada al respecto, etc.)?
- ¿Obedeces las leyes de tránsito, los códigos de construcción y otras ordenanzas?
- ¿Tus vecinos y tus socios de negocios hablan bien de ti?
- ¿La gente de tu comunidad indicaría que eres cristiano al observar tu estilo de vida?
- ¿Has hecho trampa con tus impuestos sobre la renta? ¿Y en exámenes o en trabajos de la escuela?

D. ¿Tienes la conciencia limpia en tu lugar de trabajo?

- ¿Has hablado de manera irrespetuosa con tus supervisores o sobre ellos?
- ¿Tienes alguna disputa sin resolver con compañeros de trabajo?
- Cuando tienes un desacuerdo en el trabajo, ¿buscas resolverlo de manera rápida y bíblica o muestras enojo y haces que otros se involucren innecesariamente?

- ¿Trabajas fiel y diligentemente? ¿Siempre eres sincero acerca de por qué te tomas tiempos libres?
- ¿Abusas de las políticas de la empresa?
- ¿Le has robado artículos o dinero a tu empleador o has hecho trampa en los informes de gastos?

E. ¿Tienes la conciencia limpia con respecto al pasado?

- ¿Tienes algún conflicto sin resolver con miembros de tu familia? ¿Y con miembros, líderes o personal de la iglesia? ¿Con vecinos? ¿Con supervisores o compañeros de trabajo? ¿Con compañeros de clase, maestros o profesores?
- ¿Has cometido algún delito que nunca hayas confesado a las autoridades competentes?
- ¿Le has mentido a alguien sobre algo en un intento de evitar las consecuencias de algún mal que hayas hecho?

¿Hay algo más que debas corregir de lo cual Dios te está dando convicción de pecado? ¿Algún pecado pasado o presente que nunca hayas aclarado con la persona afectada por él? ¿Alguna persona a la que no puedas mirar a los ojos con la conciencia limpia? Agrega a cada persona y ofensa que Dios traiga a tu mente a la lista de aquellas con las que necesitas limpiar tu conciencia.

> "El testimonio de una buena conciencia es la gloria de un buen hombre: ten una buena conciencia y siempre tendrás alegría."
>
> —Tomás de Kempis

2. Busca el perdón de Dios.

Todo pecado contra otra persona es primero un pecado contra Dios (2 Samuel 12:13). Ora por la lista que hiciste y busca el perdón de Dios por la forma en que has pecado contra Él al dañar a otros.

Una vez que hayas hecho tu lista y hayas buscado el perdón de Dios, estarás listo para comenzar a limpiar tu conciencia con las personas de tu lista. Si te sientes abrumado por la longitud de tu lista, recuerda que Dios nunca te pedirá que hagas algo sin darte la gracia, el deseo y el poder para hacerlo. Y recuerda que *Dios da gracia a los humildes*. A medida que te humilles y comiences a limpiar tu conciencia, Él te acompañará en cada paso del camino, sin importar lo difícil que sea el proceso y lo largo que pueda ser.

Día 5: Aplícalo a tu vida

Los pasos que des en la sesión de hoy pueden ser algunos de los más desafiantes y difíciles que hayas dado en tu viaje espiritual. Pero con cada paso de humildad, recibirás más de la gracia de Dios y estarás un paso más cerca de experimentar la bendición de «una conciencia irreprensible delante de Dios y delante de los hombres» (Hechos 24:16). A medida que trabajes en tu lista, descubrirás el gozo y la libertad de tener una conciencia limpia delante de Dios y de todas las personas.

A diferencia de los otros ejercicios de «Aplícalo a tu vida» de esta guía de estudio, hoy no se te pedirá que registres tus respuestas en papel. En su lugar, te alentaremos a que comiences realmente el proceso de obtener una conciencia limpia sin importar lo que eso requiera. ¡Este es un momento en el que es especialmente importante ser hacedores y no solo oidores de la Palabra! No dejes que el enemigo te robe la libertad de una conciencia limpia. ¡Da esos primeros pasos hoy mismo!

Ahora que has hecho una lista de personas con las que debes limpiar tu conciencia, aquí hay algunas pautas adicionales.

3. Determínate a buscar el perdón de todas las personas a las que hayas hecho daño.

Hacer una lista de nombres no aclara tu conciencia, solo te da un mapa. Hasta que no vayas y confieses tus malas acciones y busques el perdón, tu conciencia no estará limpia. Preferiblemente, ve y habla con cada individuo cara a cara. De no ser posible, habla con ellos por teléfono. Por lo general, escribir una carta no es prudente, ya que es más difícil abrir tu corazón y sentir la respuesta de la persona cuyo perdón estás buscando.

Pídele al Señor que te dé sabiduría con respecto al momento más adecuado para acercarte a las personas de tu lista, sobre todo cuando se trata de un tema delicado. Además, puede que debas buscar el consejo de un pastor o de un amigo piadoso y maduro sobre la mejor manera de lidiar con algunas situaciones particularmente difíciles o complejas.

Escribe una oración breve que exprese tu determinación de obtener una conciencia limpia delante de cada persona de tu lista, y pídele al Señor que te dé gracia para cumplir con tu compromiso.

4. Elige tus palabras con cuidado.

Sé humilde. No te justifiques ni hagas acusaciones, independientemente de cuán equivocada haya estado la otra persona. Humíllate y confiesa tu pecado. Cuando regresó a casa, el hijo pródigo le dijo a su padre: «[...] he pecado contra el cielo y ante ti» (Lucas 15:18). Sé específico acerca de cómo has pecado contra esa persona. No te limites a disculparte o a decir que lo sientes; si quieres que te perdonen, pídelo.

"Tengo que hacer un esfuerzo para mantener mi conciencia tan sensible que pueda vivir sin ofender a nadie."

—Oswald Chambers

5. Cuando sea necesario, haz un resarcimiento.

Si has engañado o robado a alguien, ofrécele a la persona devolver lo que has tomado. (Ver el relato del fabricante de muebles que hizo un resarcimiento por robar diseños de otras compañías en «Historias que edifican la fe» en la Lección 7).

6. Busca reconciliar la relación.

En la medida de lo posible y apropiado, el objetivo es restaurar la relación que se haya dañado o perdido. (En algunos casos, puede que no sea apropiado restablecer la relación; por ejemplo, si hubo inmoralidad, abuso físico o sexual o actividades ilegales). Una vez que hayas confesado tus actos indebidos y buscado el perdón, puedes comenzar el proceso de reconstruir la relación rota.

+ *Consejo*

Si la otra persona también tuvo la culpa, deja que el Espíritu Santo la convenza de pecado. Dios te pide que limpies tu conciencia, no la de los demás.

7. Primero enfréntate a las situaciones más difíciles.

Puedes sentir la tentación de acudir último a ciertas personas de tu lista. Quizás la situación sea extremadamente difícil de enfrentar para uno o para ambos; sin embargo, haz lo difícil primero. De lo contrario, es posible que nunca vayas. Si lo haces, los demás serán más fáciles porque habrás perdido gran parte del miedo y del pavor.

8. No te detengas hasta terminar.

El proceso de limpiar tu conciencia puede llevar meses o incluso años, ¡pero no te rindas! Dios te ha llamado a hacer esto y Él te ayudará. Si hay alguien en tu lista a quien no sabes cómo encontrar, pídele a Dios que esa persona se cruce en tu camino y comprométete con Él a que ante la primera oportunidad que te dé, limpiarás tu conciencia con esa persona. Puede que te sorprendas de lo que hace Dios: Él está más preocupado por este asunto que tú; observa cómo su mano te ayuda. Disfruta del viaje y del fruto de la obediencia.

9. Determínate a mantener tu conciencia limpia.

Tómate un tiempo con regularidad para dejar que Dios escudriñe tu corazón y te muestre cualquier forma en que hayas pecado contra Él o contra los demás. Aprende a llevar cuentas breves, a lidiar con cada ofensa a medida que Dios te traiga convicción de pecado.

En la página siguiente, encontrarás varias pautas adicionales que debes tener en cuenta al tratar de obtener y mantener una conciencia limpia.

Punto clave !

Cuando intentes limpiar tu conciencia, que el tamaño de tu confesión coincida con el tamaño de la ofensa.

Pautas adicionales para limpiar la conciencia

Tamaño de la confesión

Cuando te propongas limpiar tu conciencia, recuerda que el tamaño de tu confesión debe ser tan grande como el de tu pecado. En otras palabras, debemos admitir nuestro error y buscar el perdón de todos aquellos que se han visto afectados por nuestras malas acciones. Aquí hay algunas pautas que te ayudarán a determinar el alcance apropiado para tu confesión.

- *Confesión privada.* El pecado cometido contra Dios debe ser confesado a Dios.
- *Confesión personal.* Los errores cometidos contra otra persona deben ser confesados a Dios y a esa persona; por ejemplo, mentir, robar, enojar, calumniar, cometer inmoralidad.
- *Confesión pública.* Si nuestro pecado fue contra un grupo de personas o se ha vuelto de conocimiento común, debemos buscar el perdón de todos aquellos que han sido afectados. Los ejemplos incluyen: arrebatos públicos de ira, una relación adúltera que es de conocimiento público y ha empañado el testimonio de Cristo, estilos de vida hipócritas, robo de fondos de la iglesia, etc.

Precauciones con respecto a la confesión del pecado sexual

- Cuando la inmoralidad ha sido ampliamente conocida y necesita ser confesada públicamente, sé discreto y evita compartir detalles innecesarios. En la mayoría de los casos, sería prudente limitar el tamaño de la confesión a Dios, luego a los cónyuges (si corresponde) y posiblemente a los líderes de la iglesia (por motivos de rendición de cuentas y disciplina). Sin embargo, si el ofensor está en una posición de liderazgo espiritual, es posible que el tamaño de la confesión deba ser mayor (ver 1 Timoteo 5:20).
- Si un hombre ha sido culpable de codiciar a una mujer en su corazón, *no* debe confesar ese pecado a la mujer (aunque puede que necesite pedirle perdón por no haberla tratado de manera virtuosa, etc.). Debe confesar su pecado de lujuria a Dios y considerar compartir su batalla (sin nombrar a la mujer) con uno o algunos hermanos piadosos en Cristo que orarán por él.
- Si un esposo o esposa necesita aclarar su conciencia con su cónyuge en relación con una infidelidad matrimonial, generalmente es mejor buscar el consejo de un líder espiritual maduro y que otra persona piadosa esté disponible para recorrer el proceso con la pareja.

! Punto clave

Las situaciones que involucran la confesión de un fracaso moral deben manejarse con oración especial, sabiduría y consejo piadoso.

Buscándole juntos

Inicio

1. ¿Qué conocimientos de la lección de esta semana fueron nuevos para ti o eran algo que debías recordar?

Discusión

2. El hombre en «Historias que edifican la fe» limpió su conciencia y confesó delante de varias personas. Aunque él no hubiera elegido que sucediera de esa manera, ¿de qué forma esa exposición fue una bendición y un beneficio para este hombre en su crecimiento espiritual?

3. ¿Cómo definirías qué significa tener la conciencia limpia? ¿Por qué es este un concepto tan importante de entender y de practicar para los creyentes?

4. ¿Cómo ilustró el profeta Samuel lo que significa vivir con la conciencia limpia?

5. Analiza esta declaración del Día 3: «El avivamiento y la reconciliación son inseparables. No puedes estar bien con Dios y no estar bien con tu prójimo». ¿Por qué crees que existe una conexión tan fuerte entre nuestra relación con Dios (la vertical) y nuestra relación con los demás (horizontal)?

6. Discute acerca del tamaño de la confesión. Si el pecado de alguien afecta a un grupo de personas, o se da a conocer públicamente, ¿cómo debería esa persona limpiar su conciencia?

7. ¿Por qué es tan importante obtener y mantener una conciencia limpia delante de nuestras familias y en nuestras iglesias? ¿Cuáles son las bendiciones de hacerlo y las posibles consecuencias de no hacerlo?

8. Sueña un poco. Si cada creyente en tu comunidad se propusiera tener la conciencia limpia y buscar la reconciliación de las relaciones rotas, ¿cómo se podría ver y sentir el impacto? ¿Cómo podría verse influenciada la opinión de la gente sobre los cristianos y el cristianismo?

Buscándole *juntos*

Consejo +

Como siempre, cuando compartas sobre el obrar de Dios en tu vida, ten cuidado de no dañar la imagen de otras personas ni revelar detalles específicos que no deberían ser conocidos públicamente.

9. Si sientes la libertad de hacerlo, comparte un ejemplo de cómo ya has comenzado a aplicar esta lección. ¿Has acudido a alguien a quien habías ofendido para buscar su perdón? ¿Qué sucedió?

Ora por avivamiento

Reúnete con alguien con quien te sientas cómodo abriéndote sobre tus necesidades espirituales. Tómate unos minutos para relatar cómo Dios está tratando contigo en relación con la limpieza de tu conciencia. ¿Hay alguien a quien sepas que debes acudir (para confesar una ofensa, para reconciliar una relación, etc.) pero te está costando hacerlo? Oren el uno por el otro y ofrézcanse a rendirse cuentas mutuamente para seguir cualquier dirección que Dios les haya dado.

LECCIÓN 9

Perdón:

LIBERA A TUS CAUTIVOS

El perdón, el regalo que todos quieren recibir pero que les resulta difícil dar. No es fácil perdonar. Sin embargo, el perdón es uno de los elementos más importantes del avivamiento personal y colectivo. «¿Qué Dios hay como tú, que perdona la iniquidad [...]?», preguntó uno de los profetas del Antiguo Testamento (Miqueas 7:18). Cuando nos arrepentimos de nuestros pecados, Dios misericordiosamente nos libera de nuestra deuda a través del gran costo de la muerte de Su Hijo en la cruz. Como destinatarios de su perdón, estamos llamados a perdonar a los que pecan contra nosotros. Cuando liberamos a quienes nos ofenden a través del perdón, descubrimos la llave que abre las puertas de la prisión de nuestros propios corazones y nos libera para experimentar una paz y un gozo mayores de lo que jamás soñamos.

Verso para memorizar

«Sean más bien amables unos con otros, misericordiosos, perdonándose unos a otros, así como también Dios los perdonó en Cristo».

(Efesios 4:32)

Profundiza en la Palabra

- Lucas 17:1-4; 23:32-47
- Efesios 4:29-5:2

«Tenía que elegir: podía permanecer esclava de esa amargura o podía perdonar a mi papá y dejar que mi Padre celestial sanara mi corazón herido».

«Sentí que se me quitaba una tonelada de peso de los hombros. El perdón me permitió ser libre».

día UNO

Día 1: Historias que edifican la fe

Lee este testimonio sobre la decisión de una mujer de perdonar. Luego responde las preguntas a continuación.

> Mi padre se fue cuando yo tenía cinco años. Él había entrado y salido de la cárcel toda mi vida. No tengo muchos recuerdos de él en mi infancia. Los recuerdos que tengo no son recuerdos agradables:
>
> Toneladas de decepciones . . .
> Toneladas de promesas vacías . . .
> Toneladas de nunca cumplir, de nunca ser un hombre de palabra.
>
> Mi frustración se convirtió en amargura y me separé de mi padre porque me había causado mucho dolor. A veces él se comunicaba a través de cartas y llamadas, pero yo no respondía.
>
> Finalmente, me casé y me convertí en esposa de pastor. Servía en nuestra iglesia, ayudaba a mi esposo y adoraba al Señor, pero estaba viviendo una vida secreta de falta de perdón. La amargura estaba enterrada en lo más profundo de mi corazón.
>
> Me convertí en la líder del ministerio de mujeres de mi iglesia y comencé a buscar materiales que fueran útiles y sólidamente bíblicos. Encontré el sitio web de Aviva Nuestros Corazones y descubrí el estudio bíblico de *En busca de Dios*. Comencé el estudio con un pequeño grupo de mujeres.
>
> El mensaje de perdón me hizo llorar incontrolablemente. No me daba cuenta de cuánta falta de perdón estaba albergando en mi corazón, específicamente hacia mi padre.
>
> *Tenía que elegir:* podía permanecer esclava de esa amargura o podía perdonar a mi papá y dejar que mi Padre celestial sanara mi corazón herido. Elegí el camino del perdón.
>
> El día que mi padre visitó nuestra iglesia por primera vez fue un día surrealista. No podía creer que pasé de no querer ningún contacto con él a recogerlo, traerlo a nuestra casa e ir a la iglesia con él.
>
> Sentí que se me quitaba una tonelada de peso de los hombros. El perdón me permitió ser libre.

1 Según tu experiencia, ¿te ha resultado fácil o difícil perdonar a los demás? ¿Por qué?

2 ¿Qué beneficios personales experimentó esta mujer como resultado de su decisión de perdonar?

3 Tómate un tiempo para orar el Padre Nuestro a continuación. Medita en la conexión entre perdonar a los demás y experimentar el perdón de Dios por tus pecados:

> 9 *Ustedes, pues, oren de esta manera:*
> *"Padre nuestro que estás en los cielos,*
> 10 *Venga tu reino. Hágase tu voluntad,*
> *así en la tierra como*
> *en el cielo.*
> 11 *Danos hoy el pan nuestro de cada día.*
> 12 *Y perdónanos nuestras deudas,*
> *como también nosotros hemos*
> *perdonado a nuestros deudores.*
> 13 *Y no nos dejes caer en tentación,*
> *sino líbranos del mal. Porque tuyo*
> *es el reino y el poder y la gloria para siempre.*
> *Amén".* (Mateo 6:9-13)

Día 2: Encuentro con la verdad

LA VIRTUD DE LAS SETENTA VECES SIETE

En tu opinión, ¿cuál de las siguientes afirmaciones es correcta?

- ❍ Si tengo cuidado, puedo vivir sin que me lastimen.
- ❍ Me lastimarán solo si soy malo o cruel con los demás.
- ❍ Incluso si me esfuerzo por evitarlo, a veces me lastimarán.

Punto clave !

No podemos evitar que los demás nos hieran y agravien. Por lo tanto, no podemos evitar la necesidad de perdonar a los demás.

El hecho es que, en algún lugar, en algún momento, alguien nos tratará mal. Esa es una realidad inevitable de la vida. Entonces, ¿cómo debemos reaccionar cuando nos lastiman, en especial si lo hacen intencionalmente? Podemos preguntarnos lo mismo que el apóstol Pedro: «Señor, ¿cuántas veces pecará mi hermano contra mí que yo haya de perdonarlo? ¿Hasta siete veces?» (Mateo 18:21).

Perspectiva adicional

Un talento era una medida de peso judía casi equivalente al peso total que un hombre podía cargar. En los días de Jesús, diez mil talentos de plata habrían valido el equivalente a muchos millones de dólares. El denario —una moneda romana de plata que circulaba comúnmente en Israel— era el salario diario habitual de un trabajador manual. Por lo tanto, cien denarios valían una pequeña fracción de lo que valían diez mil talentos.

Desde el punto de vista humano, ¡era admirable que Pedro estuviera dispuesto a perdonar a la misma persona siete veces! Pero el tipo de perdón que Jesús promovía era (y es) sobrenatural. Imagínate el asombro de Pedro cuando Jesús respondió: «No te digo hasta siete veces, sino hasta setenta veces siete» (v. 22).

El mandato de Jesús es asombroso. Debemos estar dispuestos a perdonar a la misma persona una y otra vez. ¡Perdón ilimitado!

Jesús continuó respondiendo a la pregunta de Pedro a través de una parábola para explicar la necesidad y la naturaleza del verdadero perdón.

> *[23] Por eso, el reino de los cielos puede compararse a cierto rey que quiso ajustar cuentas con sus siervos. [24] Al comenzar a ajustarlas, le fue presentado uno que le debía 10,000 talentos (216 toneladas de plata).*
> *[25] Pero no teniendo él con qué pagar, su señor ordenó que lo vendieran, junto con su mujer e hijos y todo cuanto poseía, y así pagara la deuda.*
> *[26] Entonces el siervo cayó postrado ante él, diciendo: "Tenga paciencia conmigo y todo se lo pagaré". [27] Y el señor de aquel siervo tuvo compasión, lo soltó y le perdonó la deuda.*
> *[28] Pero al salir aquel siervo, encontró a uno de sus consiervos que le debía 100 denarios, y echándole mano, lo ahogaba, diciendo: "Paga lo que debes". [29] Entonces su consiervo, cayendo a sus pies, le suplicaba: "Ten paciencia conmigo y te pagaré". [30] Sin embargo, él no quiso, sino que fue y lo echó en la cárcel hasta que pagara lo que debía.*

[31] Así que cuando sus consiervos vieron lo que había pasado, se entristecieron mucho, y fueron y contaron a su señor todo lo que había sucedido. [32] Entonces, llamando al siervo, su señor le dijo: "Siervo malvado, te perdoné toda aquella deuda porque me suplicaste. [33] ¿No deberías tú también haberte compadecido de tu consiervo, así como yo me compadecí de ti?". [34] Y enfurecido su señor, lo entregó a los verdugos hasta que pagara todo lo que le debía. [35] Así también mi Padre celestial hará con ustedes, si no perdonan de corazón cada uno a su hermano». (Mateo 18:23-35)

"Si albergamos amargura y resentimiento, orar es casi una pérdida de tiempo y de esfuerzo."

—D. A. Carson

4 ¿Cuánto dinero debía el siervo a su señor? ¿Cuál era la probabilidad de que el siervo pagara alguna vez este tipo de deuda?

5 ¿Qué motivó a su señor a perdonarlo?

6 La enorme deuda del sirviente había sido cancelada. ¿Cuál puede haber sido su razón para ser tan despiadado y cruel al tratar de cobrarle a su consiervo?

7 En tus propias palabras, resume el mensaje que Jesús intentó comunicar en esta parábola.

8 ¿Recuerdas alguna ocasión en la que hayas tratado a alguien que te hizo daño de manera similar a como este siervo perdonado trató a su deudor?

Punto clave !

Como personas perdonadas, debemos estar dispuestos a perdonar a los demás.

El mensaje esencial de la parábola se encuentra en la pregunta del señor: «¿No deberías tú también haberte compadecido de tu consiervo, así como yo me compadecí de ti?» (v. 33). En otras palabras, el perdonado debe perdonar.

En esta parábola, a cada hijo de Dios se le recuerda lo siguiente:

- Una vez cargamos con una deuda de pecado tan grande que no teníamos ni siquiera la esperanza de poder saldarla.
- Dios justamente podría habernos entregado a la esclavitud y a la angustia eternas.
- Gratuitamente, Dios nos dio el perdón total sacrificando sus propios «recursos» (Su Hijo) para pagar nuestra deuda.
- Habiendo recibido tanta misericordia, deberíamos ser siempre misericordiosos con los demás.

9 Escribe una breve oración para expresarle al Señor tu respuesta a este relato de Mateo 18.

Día 3: Encuentro con la verdad

PROPÓSITOS PROVIDENCIALES

Jesús enseñó que debemos perdonar sin límite. Veamos un ejemplo del perdón en acción. Quizás recuerdes la historia de José y de cómo sus hermanos abusaron de él. Debido a que estaban celosos, los hermanos de José lo vendieron como esclavo y luego le mintieron a su padre diciéndole que lo había matado una bestia salvaje. (Puedes leer la historia en Génesis 37.)

Mientras tanto, José se hallaba en Egipto, donde se destacó como un hombre fiel. Pronto se convirtió en un servidor de confianza en la casa de un importante funcionario del gobierno, pero la esposa de su empleador lo acusó falsamente y fue encarcelado. Aun en esas circunstancias, José se negó a dejarse vencer por los problemas y halló gracia ante el carcelero. Aunque usó la sabiduría que Dios le había dado para ayudar a algunos de sus compañeros de prisión, José fue olvidado y permaneció en prisión por otros dos años.

Finalmente, llegó el día de su libertad. El faraón, el rey de Egipto, tuvo un sueño y solo José pudo interpretar su significado. Como resultado, José fue promovido de prisionero a «vicefaraón» en un día.

En su nuevo cargo, José tenía la autoridad para castigar a quienes lo habían tratado injustamente. Pero observa cómo actuó al confrontar a sus hermanos que habían ido a Egipto en busca de comida. (No lo reconocieron al principio; solo sabían que ese hombre poderoso tenía sus vidas en sus manos).

> 4 *Y José dijo a sus hermanos: «Acérquense ahora a mí». Y ellos se acercaron, y les dijo: «Yo soy su hermano José, a quien ustedes vendieron a Egipto.* 5 *Ahora pues, no se entristezcan ni les pese el haberme vendido aquí. Pues para preservar vidas me envió Dios delante de ustedes.* 6 *Porque en estos dos años ha habido hambre en la tierra y todavía quedan otros cinco años en los cuales no habrá ni siembra ni siega.* 7 *Dios me envió delante de ustedes para preservarles un remanente en la tierra, y para guardarlos con vida mediante una gran liberación.* 8 *Ahora pues, no fueron ustedes los que me enviaron aquí, sino Dios. Él me ha puesto por padre de Faraón y señor de toda su casa y gobernador sobre toda la tierra de Egipto».* (Génesis 45:4-8)

Perspectiva adicional

José, el hijo mayor de Raquel, una de las esposas de Jacob, probablemente nacido alrededor de 1746 B.C., llevó una vida de altibajos. Honrado por su padre, vendido como esclavo por sus hermanos. Promovido por Potifar a un puesto como encargado, arrojado injustamente a la cárcel. Como segundo al mando del faraón, podría haberse vengado de sus hermanos; pero había aprendido a ver la mano de Dios en todas las fases de su vida y eligió perdonar.

Punto clave

Dios es soberano sobre las heridas que otros nos infligen y las usará con propósitos redentores, si se lo permitimos.

Años más tarde, cuando sus hermanos expresaron temor de que José se vengara de ellos después de la muerte de su padre, José nuevamente expresó fe en el control soberano y en los propósitos de Dios:

> 19 *Pero José les dijo: «No teman, ¿acaso estoy yo en lugar de Dios?*
> 20 *Ustedes pensaron hacerme mal, pero Dios lo cambió en bien para*
> *que sucediera como vemos hoy, y se preservara la vida de mucha gente.*
> 21 *Ahora pues, no teman. Yo proveeré para ustedes y para sus hijos».*
> *Y los consoló y les habló cariñosamente.* (Génesis 50:19-21)

Consejo +

Más adelante en el Nuevo Testamento, el apóstol Pablo afirmó el mismo cuidado providencial en Romanos 8:28: «Y sabemos que para los que aman a Dios, todas las cosas cooperan para bien, esto es, para los que son llamados conforme a su propósito».

10 Intenta ponerte en el lugar de José. ¿Cuál habría sido una respuesta humana y natural a sus circunstancias?

11 ¿Cómo influyó la forma que tenía José de ver a Dios y Sus propósitos en su perspectiva sobre sus pruebas y en su respuesta a sus hermanos?

José no buscaba a alguien a quien culpar, ni venganza. A pesar de los errores, José sabía que Dios había tenido el control de su vida todo el tiempo. José pudo ver la mano de Dios tanto en tiempos de adversidad como en tiempos de prosperidad. Él comprendió que los propósitos de Dios eran mucho más importantes que su comodidad personal. Por lo tanto, pudo perdonar y bendecir a quienes lo maltrataron.

12 Piensa en una situación en la que alguien te haya hecho daño o te haya herido profundamente. A la luz de lo que has visto en la historia de José y en su respuesta a sus hermanos, escribe un breve párrafo que exprese fe en los propósitos soberanos de Dios para ti en tu situación. Si ya has visto (al menos en parte) que Dios ha tomado lo que otros hicieron con malas intenciones y lo ha usado para bien, escríbelo también.

Día 4: Aplícalo a tu vida

Todo hijo de Dios que quiera experimentar un avivamiento personal debe estar dispuesto a lidiar sincera y plenamente con toda falta de perdón que pueda haber en su corazón. El estudio de hoy está diseñado para ayudarte a enfrentar algunas de las barreras que podrían impedirte elegir el camino del perdón.

¿Alguna vez has hecho (o pensado) alguna de las siguientes afirmaciones? Mientras trabajas en esta sección, presta especial atención a cualquiera de estas perspectivas que reflejen tu forma de pensar o de sentir. Luego, considera cómo Dios puede querer cambiar tu forma de pensar con respecto al perdón.

+ *Consejo*

La sección «Aplícalo a tu vida» de esta lección es más larga de lo habitual. Tal vez prefieras apartar tiempo adicional o aun tomarte un día más para completar este ejercicio.

1. «No hay falta de perdón en mi corazón».

Se puede vivir con la semilla de la falta de perdón por tanto tiempo que no notamos su presencia en nuestra vida. Las siguientes preguntas te ayudarán a abrir los ojos a cualquier falta de perdón que pueda haberse alojado en tu corazón.

a. ¿Alguna vez te hirieron? Coloca una marca junto a cualquiera de las siguientes heridas que hayas experimentado:

- ❍ te mintieron
- ❍ rompieron una promesa
- ❍ has sido ignorado por tus hijos adultos
- ❍ tú o un ser querido han sufrido un crimen violento
- ❍ has sido tratado injustamente por un empleador
- ❍ tus padres se divorciaron
- ❍ te calumniaron/acusaron falsamente
- ❍ te divorciaste
- ❍ tu pareja te engañó o cometió otro pecado sexual
- ❍ tus padres te rechazaron
- ❍ te robaron
- ❍ te engañaron en un negocio
- ❍ hijo o hija rebelde/pródigo/a
- ❍ te menospreciaron

Punto clave !

El perdón significa liberar completamente al ofensor de su deuda. Significa limpiar completamente su historial. Es una promesa de nunca volver a mencionar la ofensa en su contra (ante Dios, ante los demás o ante el mismo ofensor).

- ❍ padres o pareja alcohólicos
- ❍ tus padres o tu pareja te abandonaron
- ❍ te humillaron públicamente
- ❍ fuiste abusado (física, emocional o sexualmente)
- ❍ otro ______________________

b. Mientras reflexionas sobre las formas en que has sido agraviado, ¿crees que alguna de estas afirmaciones es cierta?

- ❍ Cuando pienso en [ofensor u ofensa], aún siento enojo.
- ❍ Tengo un deseo sutil y secreto de que [ofensor] pague por lo que me hizo.
- ❍ En el fondo de mi corazón, no me importaría si algo malo le sucediera a la persona que me lastimó.
- ❍ A veces les cuento a los demás cómo me lastimó [ofensor].
- ❍ Si alguien menciona a [ofensor], es más probable que diga algo negativo sobre esa persona que algo positivo.
- ❍ No puedo darle gracias a Dios por [ofensor].

Estas declaraciones nos indican que no hemos perdonado completamente a todos los que han pecado contra nosotros.

La Palabra de Dios dice que si decimos que no tenemos pecado, aunque su Espíritu nos muestre lo contrario, nos engañamos a nosotros mismos y la verdad no está en nosotros (1 Juan 1:8). ¿Te has engañado creyendo que has perdonado a todos los que han pecado contra ti? Cuando Dios examina tu corazón, ¿encuentras falta de perdón allí?

c. Marca esta casilla si Dios te ha mostrado que hay falta de perdón en tu corazón.

2. «No hay forma de que pueda perdonar a [ofensor] por [ofensa]. Él/ella me lastimó demasiado».

a. ¿Cuáles son algunas de las heridas que Jesús sufrió por nosotros?

Isaías 53:3-7 ______________________

día CUATRO

Salmos 22:6-7, 16 ____________________

b. ¿Cómo nos ha tratado Dios a nosotros que hemos pecado tanto contra Él?

Efesios 2:4-5 ____________________

Isaías 43:25, Hebreos 10:17 ____________________

Miqueas 7:18-19 ____________________

c. ¿Cómo nos ordena el Nuevo Testamento que reaccionemos cuando nos hacen daño?

Lucas 6:27 ____________________

Lucas 17:3-4 ____________________

Romanos 12:17-21 ____________________

d. Según Colosenses 3:13, ¿cuál debería ser la medida o el estándar de nuestro perdón?

e. Sobre esa base, ¿qué ofensa sería demasiado grande para que la perdonemos?

f. ¿Dios nos mandaría a hacer algo para lo cual no nos capacitaría?

g. ¿Cómo se nos capacita para perdonar (ver Filipenses 2:13)?

> "Ser cristiano significa perdonar lo imperdonable, porque Dios ha perdonado lo imperdonable en ti. Esto es duro [...] ¿cómo podemos hacerlo? Creo que la única forma es recordando dónde estamos parados y siendo conscientes de nuestras palabras cada noche cuando oramos y decimos: 'Perdónanos nuestras ofensas como nosotros perdonamos a los que nos ofenden'. No se nos ofrece el perdón en otros términos. Rechazarlo significa rechazar la misericordia de Dios por nosotros."
>
> —C. S. Lewis

día CUATRO

"El perdón no significa que uno se olvide de la ofensa (como si tuviera la capacidad de no volver a recordarla), sino que a pesar del recuerdo, se borra la deuda."

—Voddie Baucham

3. «Esa persona no se merece que la perdone».

a. ¿Qué hicimos para ganarnos o para merecer el perdón de Dios?

Romanos 5:8 ____

Efesios 2:4-9 ____

b. ¿Cuáles son las razones por las que debemos extender el perdón a quienes pecan contra nosotros?

- ❍ El ofensor está realmente arrepentido de lo que ha hecho.
- ❍ Dios nos ha perdonado una deuda infinita, por eso perdonamos como fuimos perdonados.
- ❍ Dios nos manda a perdonar.
- ❍ El ofensor promete jamás volver a hacer lo mismo.
- ❍ La ofensa fue un error comprensible.

4. «¡Si perdono a esa persona, se saldrá con la suya!».

Podemos sentir que si perdonamos a otro, no se hará justicia y que esa persona saldrá impune. El problema es que nos hemos puesto en la posición de un cobrador de deudas.

¿Qué dice Romanos 12:19 sobre el cobro de deudas?

No darle su merecido al ofensor no significa que Dios no vaya a hacerlo. El perdón implica transferir al prisionero a aquel que es capaz y responsable de hacer justicia. Perdonar nos libera de la carga y de la responsabilidad de mantenerlos en prisión nosotros mismos.

día CUATRO

Hazte la siguiente pregunta: «¿Estaría dispuesto a que Dios me tratara como yo quiero que traten a mi ofensor?».

5. «He perdonado a esa persona, pero nunca podré olvidar lo que me hizo».

a. Según estos pasajes, cuando Dios nos perdona, ¿qué promete hacer?

Jeremías 31:34; Hebreos 10:17 ____________________

Salmos 103:12 ____________________

Un Dios omnisciente no puede *olvidar*. Pero Él promete no recordar nuestros pecados ni utilizarlos contra nosotros. Dios no nos pide que *olvidemos* el mal que nos hicieron, sino tan solo que *perdonemos*. Sin embargo, la actitud de nuestro corazón al pensar en la ofensa puede ser un indicador de si realmente hemos perdonado o no.

b. Cuando piensas en la persona que más profundamente te ha lastimado, ¿qué experimentas?

- ❍ Se revuelven tus emociones.
- ❍ Deseas venganza.
- ❍ Deseas que Dios hiera a esa persona.
- ❍ Te resulta difícil ver las cualidades de esa persona.
- ❍ Quieres que otros sepan lo que hizo esa persona.
- ❍ Sientes paz y descanso.
- ❍ Deseas ver a esa persona restaurada espiritualmente.
- ❍ Quieres que Dios bendiga a esa persona.
- ❍ Le agradeces a Dios por la vida de esa persona.
- ❍ Te humillas por cuánto has pecado contra Dios y por cuánto Él te ha perdonado.

! *Punto clave*

El perdón no es olvidar; es una transacción en la que liberamos a nuestros deudores de la obligación de saldar sus deudas.

+ *Consejo*

Si no estás seguro de cómo manejar bíblicamente una situación en particular, busca el consejo de una persona piadosa. Algunas situaciones pueden requerir intervención legal o disciplina de parte de la iglesia. En algunos casos, como los que involucran abuso sexual o inmoralidad, la reconciliación en el nivel horizontal puede no ser apropiada.

6. «Creo que he perdonado, pero sigo luchando con el dolor».

a. Según los siguientes pasajes, ¿qué debemos estar dispuestos a hacer además de perdonar a los que pecan contra nosotros?

Lucas 6:27-31 ______

Romanos 12:17-21 ______

Consejo +

Siempre que sea posible, debemos tratar de reconstruir la relación entre nosotros y el ofensor.

El acto de perdonar es solo el punto de partida para tratar con aquellos que nos hacen daño. El acto inicial de liberar al ofensor debe ir acompañado de un compromiso de invertir positivamente en su vida. Esta inversión es la clave para experimentar la sanación emocional y la plenitud. En situaciones donde no es posible o apropiado reconstruir la relación con alguien, aún podemos invertir en sus vidas a través de la oración.

b. ¿De qué formas prácticas podrías devolver bien por mal o invertir en la vida de alguien que te haya hecho daño?

"La amargura nos roba la alegría y la paz. Nos secuestra, nos lleva a lugares a los que nunca quisimos ir, hacemos cosas que nunca quisimos hacer y nos convierte en personas que nunca quisimos ser."

—Bill Elliff

7. «¡No perdonaré!».

En última instancia, el perdón se reduce a una elección. Es una elección que Dios nos ordena tomar y para la cual nos capacita. Pero algunos se niegan a tomar esa decisión.

a. Según los siguientes pasajes, ¿qué podemos esperar si nos negamos a perdonar a los que pecan contra nosotros?

Mateo 6:14-15 ______

Mateo 18:32-35 ______

2 Corintios 2:10-11 ______

b. ¿Cuáles son algunos de los «verdugos» físicos, emocionales y espirituales (Mateo 18:34) que podríamos experimentar en nuestra vida si no estamos dispuestos a perdonar?

c. De la lista de la pregunta anterior, encierra en un círculo las consecuencias de la falta de perdón que hayas experimentado en un momento u otro.

Elegir el camino del perdón puede resultar extremadamente difícil. Es posible que hayan pecado contra ti de formas que hayan causado un dolor enorme y consecuencias terribles en tu vida. El solo hecho de trabajar en esta lección puede abrir algunas heridas o recuerdos a los que preferirías no enfrentarte. Afrontar el dolor y caminar hacia el perdón total puede ser un proceso, pero si estás dispuesto a ir allí, Dios irá contigo. Por difícil que sea perdonar a los que han pecado contra ti, experimentarás una gran libertad al elegir obedecer a Dios mediante Su gracia.

Día 5: Aplícalo a tu vida

Consejo +

Tal vez quieras utilizar otra hoja de papel para este ejercicio o fotocopiar esta página para tener mayor privacidad al escribir tus respuestas.

¿Ha revelado Dios alguna falta de perdón en tu corazón? ¿Deseas ser liberado de la prisión de la falta de perdón? ¿Estás listo para elegir el camino del perdón? Si es así, aquí hay algunos pasos que te ayudarán a lidiar con las heridas y ofensas que hayas experimentado.

1. Haz una lista de las personas que te han herido.

Junto a cada nombre, escribe las formas en que cada persona te ha ofendido. Luego, escribe cómo has reaccionado ante sus malas acciones. Sé lo más sincero y específico posible: ¿los has amado, has orado por ellos, los has perdonado? ¿O les has guardado rencor y resentimiento, les has negado el amor, los has difamado ante los demás?

Persona	Su ofensa	Mi reacción

2. Confiésale a Dios, y luego al ofensor, toda reacción incorrecta que hayas tenido.

(Por ejemplo, falta de perdón, odio, amargura, chismes). Ten cuidado de no culparlos por tus actitudes o respuestas incorrectas. Recuerda que Dios no nos hace responsables por los males que otros nos han hecho, sino por cómo reaccionamos ante lo que otros nos hacen.

3. Como Cristo te ha perdonado, perdona completamente a cada ofensor.

Recuerda que el perdón no es un sentimiento; más bien, es una elección y un acto de voluntad. Es un compromiso de limpiar el historial de la otra persona y no volver a acusarlo de esa ofensa.

Ten en cuenta que la sanación emocional puede implicar un proceso, pero el verdadero perdón puede extenderse en un momento. No esperes hasta sentirte emocionalmente sano de la herida para perdonar; en cambio, elige perdonar y deja que Dios comience el proceso de verdadera sanación en tu vida.

Exprésale verbalmente al Señor tu perdón por cada una de las personas enumeradas en el punto 1 de arriba. «Padre, como me has perdonado, elijo perdonar a [persona] por [nombrar la ofensa]».

4. Devolver bien por mal.

(ver Lucas 6:27-31 y Romanos 12:17-21).

Pídele a Dios que te muestre cómo construir puentes de amor (cuando sea posible y apropiado) hacia los que te han ofendido. Enumera formas prácticas en las que puedas invertir positivamente en la vida de aquellos que te han hecho daño.

5. «Perdonarlo» y «consolarlo».

(2 Corintios 2:7-8). Si tu ofensor está arrepentido, reafírmalo en el perdón de Dios y en tu amor, para que no se sienta «abrumado por tanta tristeza» (v. 7) y para que Satanás no pueda tomar ventaja sobre ti por ninguna falta de perdón (v. 11).

6. Da gracias.

Dios es sabio, amoroso, bueno y soberano. Nada de lo que alguien haga en tu contra puede frustrar su plan para tu vida. Él nunca te abandonará para que manejes el dolor por tu cuenta. Él puede convertir en bien el mal que han cometido contra ti. Aquellos que han pecado contra ti pueden ser instrumentos que Él usa para santificarte: para moldearte y transformarte conforme a la imagen de Jesús.

> "Perdonar es liberar al prisionero y luego descubrir que el prisionero eras tú."
>
> —Autor desconocido

> "El perdón debería ser como un pagaré anulado: roto en dos y quemado, de modo que nunca pueda ser utilizado en contra de uno."
>
> —A. W. Tozer

Buscándole *juntos*

> “Ser perdonado es algo tan dulce que hace que la miel parezca insípida. Sin embargo, hay algo aún más dulce: perdonar.”
>
> —C. H. Spurgeon

Inicio

1. Comparte un ejemplo de cómo has experimentado la gracia y el perdón de Dios de una manera nueva desde que comenzaste este estudio.

Discusión

2. Cuando decidió perdonar, la mujer en «Historias que edifican la fe» fue liberada para darle la bienvenida a su padre en lugar de ignorarlo. ¿De qué otras formas el perdón puede cambiar las relaciones?

> “Digo para la gloria de Dios y con total humildad que siempre que me veo ante Dios y me doy cuenta de algo de lo que mi bendito Señor ha hecho por mí, estoy dispuesto a perdonarle cualquier cosa a cualquiera.”
>
> —Martyn Lloyd-Jones

3. Al perdonar a su padre, esta mujer dice que dejó que su Padre celestial sanara su corazón herido. ¿Cómo crees que la amargura nos impide experimentar la misericordia y la gracia de Dios en nuestro dolor?

4. Es más fácil perdonar a los demás cuando consideramos la magnitud del perdón que hemos recibido de Dios. Comparte un breve testimonio sobre cómo Dios te ha perdonado (puede ser un testimonio de salvación o un testimonio de cómo Dios te restauró después de que te alejaste de Él).

5. Efesios 4:32 dice: «Sean más bien amables unos con otros, misericordiosos, perdonándose unos a otros, así como también Dios los perdonó en Cristo». ¿Cómo describirías la forma en que Dios nos ha perdonado? (Para empezar, considera Salmos 103:10-12.) ¿Cómo debería influenciar Su perdón en la forma en que tratamos a los que pecan contra nosotros?

6. Piensa en un momento en que alguien te haya perdonado o tú hayas perdonado a otra persona. ¿De qué forma te benefició el perdonar o el ser perdonado?

⚠ Cuidado

Ten cuidado de no violar la confianza al compartir detalles que no deberían ser públicos.

7. ¿Cuáles son algunas de las consecuencias de negarse a perdonar? ¿Qué tipo de daño has visto como consecuencia de la amargura, ya sea en tu vida o en la de otras personas que conozcas?

8. De todas las cualidades que deberían distinguir a los cristianos del mundo, ¿por qué es tan importante el perdón? ¿Qué efecto podría producir en un incrédulo que observa nuestras acciones el hecho de que perdonemos a otro?

Buscándole *juntos*

"El perdón es un acto de la voluntad, y la voluntad puede funcionar independientemente de la temperatura del corazón."

—Corrie ten Boom

9. ¿Alguna de las siete afirmaciones del Día 4 describe tu actitud (por ejemplo, «No hay falta de perdón en mi corazón»)? ¿Cuáles?

10. ¿Has transitado esta semana el proceso de perdonar a una o a más personas? Si sientes la libertad de hacerlo, comparte lo que Dios está haciendo en tu vida al elegir el camino del perdón.

Opcional

Organiza una sesión de alabanza improvisada. Como grupo, decidan la forma en que quieren alabar al Señor por Su asombroso perdón; podría ser un momento de oraciones breves o pueden elegir entonar un coro. Sean tan simples o creativos como quieran. Utiliza este tiempo de alabanza para reforzar en tu propia mente la razón y la motivación que tienes para perdonar a los demás.

Ora por avivamiento

Reúnete con otro miembro del grupo con quien puedas abrir tu corazón. Analiza brevemente cómo Dios está tratando contigo el tema del perdón. Discute las siguientes preguntas:

- ¿Hay alguien a quien no hayas perdonado completamente en tu corazón?
- ¿Qué pasos debes dar para obedecer a Dios y perdonar a quienes te lastimaron?

Analiza otras formas específicas en las que Dios ha tratado contigo a través de esta lección. Oren unos por otros con respecto a las necesidades que hayan compartido. Pídanle a Dios que le dé a cada persona de su grupo la gracia de perdonar completamente a los demás como Él los ha perdonado a ustedes.

Pureza sexual:

EL GOZO DE LA LIBERTAD MORAL

Sin importar hacia dónde miremos, ya sea que estemos navegando con nuestras computadoras portátiles, conduciendo en la autopista, paseando en centros comerciales o leyendo revistas, en todas partes, nuestra cultura está saturada de imágenes sexuales y tiene la intención de promover el «gozo» de la supuesta libertad sexual. Dios nos creó como seres sexuales, y nuestro impulso sexual constituye una parte importante y poderosa de nosotros. Pero cuando esos deseos superan nuestro deseo de Dios, o cuando buscamos satisfacerlos sin los medios y el tiempo prescritos por Dios, pueden ser nuestra ruina.

La perspectiva de la Biblia sobre la pureza sexual ha recibido mala reputación por ser represiva, anticuada, legalista y nada divertida. Nada más lejos de la verdad. Mantenerse sexualmente puro o comprometerse con la pureza moral puede ser un gran paso hacia el avivamiento personal, el gozo pleno y la verdadera libertad.

Verso para memorizar

«Porque esta es la voluntad de Dios: su santificación; es decir, que se abstengan de inmoralidad sexual».

(1 Tesalonicenses 4:3)

Profundiza en la Palabra

- Génesis 39:2-12
- Salmos 119:1-16
- Proverbios 5
- 1 Corintios 6:12–20

Día 1: Historias que edifican la fe

1 ¿Qué importancia crees que tiene la vida sexual de un creyente en su caminar con Dios? Fundamenta tu respuesta.

Lee la siguiente historia de cómo Dios rescató un hogar devastado por la inmoralidad. Luego responde las preguntas.

> ***Él:*** *Siempre pensé que era un tipo abierto. Podía decirle a cualquiera cualquier cosa sobre mí, excepto una cosa: nunca le había confesado a nadie sobre mi lucha contra la pornografía y la lujuria sexual. Nadie lo sabía. Incluso después de haber conocido a Sue y de haberme casado con ella, la batalla continuó. Por un tiempo me «porté bien», pero tarde o temprano mis pensamientos errantes me incitaron a comprar una revista o a buscar pornografía en línea. Finalmente, mi juego con la inmoralidad me llevó a donde nunca pensé que iría: a dos aventuras extramatrimoniales, ambas con mujeres de la iglesia donde yo ocupaba un puesto de liderazgo.*
>
> *Al haber mantenido en secreto mi lucha contra la pornografía y mis aventuras, había estado sentado en un barril de pólvora por años. Finalmente, el caos en casa hizo que ese barril explotara. Sue me pidió que me fuera y que me quedara con unos amigos de la iglesia. Sin saberlo, ¡Sue me estaba enviando a quedarme en la casa de la mujer con la que estaba teniendo una aventura!*
>
> *Las cosas comenzaron a desmoronarse en mi mundo oculto cuando mi iglesia celebró una cumbre de avivamiento de dos semanas. Estaba preocupado y lleno de culpa. Dudaba que pudiera asistir a estos servicios sin confesar la forma pecaminosa en la que había estado viviendo. Finalmente, una noche después de un servicio, no pude soportar más la convicción de pecado y le confesé a Sue que le había sido infiel.*
>
> *La noche siguiente, mientras la cumbre aún se estaba llevando a cabo, me paré ante la iglesia, confesé y renuncié a mi puesto en el ministerio. Por casi dos años había planeado qué haría si alguna vez me atrapaban; ahora ninguno de esos planes parecía apropiado. Solo quería estar limpio ante Dios.*

«Había estado sentado en un barril de pólvora por años. Finalmente, el caos en casa hizo que ese barril explotara».

Ella: *Me daba cuenta de que algo no estaba bien. Pete estaba actuando de manera extraña; hasta su semblante parecía más duro. Pero cada vez que le preguntaba, él me aseguraba que todo estaba bien. Me sentí más confundida, frustrada y enojada. Comenzamos a tener discusiones horribles. Si Pete estaba diciendo la verdad, ¿por qué sospechaba tanto de él? Quizás realmente me estaba volviendo loca. Los conflictos en nuestra casa se volvieron tan agobiantes que nuestros dos hijos comenzaron a tener pesadillas.*

Cuando Pete confesó su infidelidad, quedé conmocionada. De alguna manera, le había creído cuando me había asegurado que no estaba involucrado sexualmente con otra mujer. Corrí al santuario de la iglesia y, literalmente, caí sobre el altar en medio de sollozos. Lo que sentí fue peor que lo que alguien siente al escuchar sobre el fallecimiento de un ser querido. Regresé a casa y comencé a empacar.

En algún punto de esa larga noche, Dios atravesó la intensidad de mis emociones y me convenció de algo crucial: era hora de perdonar. Al principio no estaba del todo abierta a esto; discutí con Dios la mayor parte de la noche. Pero cuando el Espíritu Santo me recordó que fue en la intensa agonía de la cruz que Jesús habló y perdonó, supe que Él quería que yo hiciera lo mismo. En medio de mi dolor, antes de que este se aliviara, Dios me llamaba a perdonar. A la mañana siguiente, Dios me había preparado para llamar a Pete.

En ese momento, yo también me encontraba en una encrucijada en la vida. Cuando pronuncié palabras de perdón hacia Pete, fui libre de toda la ira y la confusión que habían estado reprimidas en mí por meses. Creo que en ese momento podría haberme convertido en una anciana muy amargada, ¡a los treinta años! Pero Dios me protegió de eso.

Con la ayuda de la familia, de los amigos y de nuestra iglesia (la cual estableció un equipo de restauración), *Pete y yo comenzamos el largo y difícil proceso de reconstruir nuestro matrimonio. Desde entonces, hemos asesorado a muchas parejas cuyos hogares han sido devastados por alguna forma de inmoralidad.*

«Creo que en ese momento podría haberme convertido en una anciana muy amargada, ¡a los treinta años! Pero Dios me protegió de eso».

2 ¿Quién salió afectado por el pecado de Pete? ¿Cómo?

____

____

____

3 ¿Qué factores contribuyeron a la atadura de Pete con la inmoralidad? ¿Qué factores contribuyeron a su liberación?

El salmista oró: «¿Cómo puede el joven guardar puro su camino? Guardando tu palabra. Con todo mi corazón te he buscado; no dejes que me desvíe de tus mandamientos» (Salmos 119:9-10). La Palabra de Dios proporciona los recursos para que cualquiera de Sus hijos camine con pureza en cada área de su vida.

4 Si compartes el deseo del salmista de buscar a Dios y de obedecer Sus mandamientos, escribe una oración pidiéndole a Dios que guarde tu corazón, te haga moralmente puro y te mantenga así.

Día 2: Encuentro con la verdad

LLAMADOS A LA PUREZA SEXUAL

Luchar contra la lujuria no es un fenómeno del siglo XXI; el pueblo de Dios siempre ha tenido que lidiar con la tentación sexual. El apóstol Pablo enfrentó este asunto de frente cuando escribió a la iglesia en Tesalónica acerca de su conducta sexual:

> 1 *Por lo demás, hermanos, les rogamos, y les exhortamos en el Señor*
> *Jesús, que tal como han recibido de nosotros instrucciones acerca de la*
> *manera en que deben andar y agradar a Dios, como de hecho ya andan,*
> *así abunden en ello más y más.* 2 *Pues ustedes saben qué preceptos les*
> *dimos por autoridad del Señor Jesús.* 3 *Porque esta es la voluntad de Dios:*
> *su santificación; es decir,* ***que se abstengan de inmoralidad sexual;*** 4 *que*
> *cada uno de ustedes* ***sepa cómo poseer su propio vaso en santificación***
> *y honor,* 5 *no en pasión degradante, como los gentiles que no conocen a*
> *Dios.* 6 ***Que nadie peque ni defraude a su hermano en este asunto,*** *porque el*
> *Señor es el vengador en todas estas cosas, como también antes les dijimos y*
> *advertimos solemnemente.* 7 *Porque Dios no nos ha llamado a impureza, sino*
> *a santificación.* 8 *Por tanto, el que rechaza esto no rechaza a un hombre, sino*
> *al Dios que les da a ustedes Su Espíritu Santo.* (1 Tesalonicenses 4:1-8)

5 Según estos versos, ¿cuáles son algunas de las razones para llevar una vida moralmente pura?

(v. 1) Le a______ a Dios.

(v. 3) Bajo inspiración divina, los autores bíblicos nos enseñaron que nos a______ de la inmoralidad sexual.

(v. 3) Es la v______ de Dios que seamos santos en cada área, incluyendo la sexualidad.

(v. 5) Nosotros c______ a Dios.

(v. 6) Los otros creyentes son nuestros h______ en Cristo. ¡Somos una familia!

(v. 6) El Señor se v______ de todos los que pequen contra otros sexualmente.

(v. 6) La Palabra nos a______ solemnemente acerca del pecado sexual.

(v. 7) Dios nos ha l______ a la santidad.

Perspectiva adicional

Tesalónica, donde Pablo fundó una iglesia floreciente en el 49 o 50 d. C., era la capital de la provincia romana de Macedonia. La moral romana tendía a ser laxa en materia sexual y el culto a algunas deidades romanas implicaba prostitución ritual. Pablo tuvo que recalcarles a los nuevos creyentes de Tesalónica que la fe cristiana conllevaba (entre otras cosas) limitar el sexo al matrimonio.

"La libertad no es la posibilidad de expresar nuestros deseos sexuales alimentados por el orgullo. La libertad es la humilde creencia de que no somos nuestros y, por lo tanto, no estamos esclavizados por nuestro orgullo que lo consume todo, sino que somos libres para ser aquello para lo cual Dios nos creó."

—Jon Bloom

(v. 8) Dios nos ha dado su E______ S______ para que viva en nosotros. Independientemente de cuán espirituales podamos afirmar (o pretender) ser, la verdad es que no somos más espirituales que nuestra conducta sexual y nuestros pensamientos. En este pasaje, Pablo da tres exhortaciones específicas con respecto a nuestro comportamiento sexual.

a. No practiques ningún tipo de inmoralidad.

(*«[...] que se abstengan de inmoralidad sexual»*, v. 3.) En su lugar, debemos determinar ser moralmente rectos en todos nuestros pensamientos, actividades y relaciones. En su carta a los efesios, Pablo hace aún más hincapié en este punto:

> 3 *Pero que la inmoralidad, y toda impureza o avaricia, ni siquiera se mencionen entre ustedes, como corresponde a los santos.* 4 *Tampoco haya obscenidades, ni necedades, ni groserías, que no son apropiadas, sino más bien acciones de gracias.* (Efesios 5:3-4)

6 ¿De qué crees que habla Pablo cuando dice que debemos abstenernos de toda inmoralidad sexual? ¿Qué proporción de conducta o de habla impura es aceptable para un creyente? ¿Por qué estas cosas están fuera de lugar para los cristianos?

7 ¿Cuáles son algunas formas de inmoralidad que muchos creyentes profesantes hoy en día tolerarían y aun justificarían?

b. Estúdiate a ti mismo.

(*«Que cada uno de ustedes sepa cómo poseer su propio vaso en santificación y honor, no en pasión degradante [...]»* vv. 4-5.) Conoce qué te induce a la inmoralidad y evítalo. Conoce qué te anima a ser puro y actívalo.

día DOS

8 ¿Qué crees que significa poseer tu vaso en santificación y honor, en lugar de en pasión degradante?

9 ¿Cuánto te conoces a ti mismo? Enumera los lugares, las personas, las situaciones y las actividades específicas que debes *evitar* porque podrían volverte más vulnerable a la tentación sexual.

10 ¿Qué relaciones y actividades te resultan útiles en tu búsqueda de la pureza?

c. Asegúrate de no aprovecharte de nadie ni de perjudicar a nadie sexualmente.

(*«Que nadie peque ni defraude a su hermano en este asunto [...]»*, v. 6). En su lugar, busca llevar una vida que edifique y anime a otros a ser moralmente puros.

11 ¿Por qué crees que Dios considera una ofensa tan grave pecar moralmente contra otro creyente? ¿Cómo podemos actuar con cuidado para evitar dañar a otros moralmente?

"En 1 Tesalonicenses 4:6, pecar incluye el concepto de traspasar la línea y exceder los límites legales [...]. Defraudar significa tomar algo de forma egoísta y codiciosa para beneficio y placer personal a expensas de otra persona [...]. Siempre que los creyentes buscan satisfacer sus deseos físicos y obtener placer sexual a expensas de otro, violan este mandamiento."

—John MacArthur

día DOS

Día 3: Encuentro con la verdad

PROVERBIOS Y PUREZA

12 A continuación verás una lista de algunas motivaciones *positivas* para ser moralmente puros. Marca las que son (o deberían ser) importantes para ti.

- ❍ Mantener unida a mi familia.
- ❍ Mantener un buen nombre / reputación.
- ❍ Dar el ejemplo a otros más jóvenes.
- ❍ Dar un buen ejemplo a aquellos que son nuevos en su fe.
- ❍ Brindar un testimonio que honre a Cristo ante los perdidos.
- ❍ Mantener mi trabajo.
- ❍ Reducir el riesgo de contraer ciertas enfermedades.
- ❍ Honrar a mi cónyuge.
- ❍ Mantenerme puro por mi cónyuge.
- ❍ Fortalecer la causa de Cristo y Su reino.
- ❍ Evitar la hipocresía.
- ❍ Evitar una mayor vulnerabilidad ante otras tentaciones y pecados.
- ❍ Porque Dios lo ordena.
- ❍ Porque amo a Dios.
- ❍ Porque amo a mi cónyuge.
- ❍ Porque amo a mis hijos.
- ❍ Porque no quiero arruinar la vida de otra persona.
- ❍ Porque no quiero destruir a otra familia.
- ❍ Poder dormir por la noche.
- ❍ No tener que vivir con miedo a que me atrapen.
- ❍ Que mi vida pueda ser un instrumento útil para los propósitos de Dios.

Punto clave !

El pecado sexual es un serio obstáculo para el bienestar espiritual.

13 ¿Cuántas posibles consecuencias *negativas* del pecado sexual se te ocurren?

Es claro que cuando uno piensa con rectitud, racionalidad y responsabilidad, la única opción sabia y adecuada es la de llevar una vida de pureza moral. Pero no siempre somos racionales, y la naturaleza humana puede actuar con irresponsabilidad. La embestida de la tentación moral puede ser casi abrumadora, aun para los creyentes. Ante un asalto tan severo y constante hacia nuestras almas, debemos protegernos activamente contra el fracaso moral.

Con un vocabulario inequívocamente claro, la Palabra de Dios trata las características, las causas y las consecuencias de la inmoralidad, además de darnos motivación y sabiduría para elegir ser sexualmente puros. El libro de Proverbios habla extensamente del tema de la pureza moral. Echa un vistazo breve a algunos de estos pasajes a continuación.

14 Proverbios habla de la adúltera cuyas palabras, actitudes, vestimenta y comportamiento inducen a los hombres a ser inmorales. Lee Proverbios 7:1-27. ¿Cuáles son algunas de las características de la mujer inmoral?

15 ¿Cómo responde el hombre insensato a la mujer inmoral (7:22-23)? ¿Qué hace que él responda de esta manera (ver Proverbios 5:12-13)?

"Si ensayáramos de antemano las devastadoras consecuencias de la inmoralidad, seríamos mucho menos propensos a cometerla."

—Randy Alcorn

> "Cuanto mejor comprendamos el diseño sagrado de Dios para la sexualidad humana, menos nos conformaremos con placeres más pequeños que rápidamente se convierten en esclavitud espiritual."
>
> —Philip Ryken

16 ¿Cuáles son las consecuencias de ceder a la mujer sensual (6:27-29; 7:26-27)?

17 ¿Cómo responde el sabio a la mujer sensual (4:23, 25-27; 5:7-8)?

18 ¿Cómo puede un creyente protegerse de la impureza moral (4:20-27; 5:15, 17-18; 6:23-24)?

día TRES

Día 4: Aplícalo a tu vida

Puede que pienses: «De acuerdo, estoy convencido. La inmoralidad es un peligro grave y necesito proteger mi corazón de manera proactiva contra ella. ¿Pero cómo?». Para comenzar, aquí hay algunos métodos prácticos para conservar la pureza moral obtenidos de la Palabra de Dios. Hay seis métodos en el estudio de hoy y otro seis en el Día 5. Cada método incluye algunas preguntas y reflexiones en la parte de «Examina tu corazón» para ayudarte a aplicar ese punto en particular.[1]

Mientras lees con un espíritu de oración estos principios bíblicos para mantener la pureza sexual, acepta cooperar con Dios y comprométete a seguir el camino de la pureza moral toda tu vida.

Perspectiva adicional

Todo cristiano debe tener la intención de guardar su corazón y su mente contra la inmoralidad.

1. Reconoce tu potencial para el fracaso moral.

Por tanto, el que cree que está firme, tenga cuidado, no sea que caiga. (1 Corintios 10:12)

Todos somos vulnerables a la lujuria de la carne y a la lujuria de los ojos. La historia está llena de ejemplos de hombres y mujeres que cayeron presa de la tentación sexual a pesar de que previamente habían caminado en intimidad con Dios. Los creyentes más comprometidos son susceptibles si bajan la guardia o si creen que no pueden ser tentados.

Examina tu corazón: Reconócele al Señor que sin Él serías vulnerable a cualquier tipo de pecado y que necesitas de Su protección en cada área de tu vida, incluida tu vida sexual.

2. Comprende que no tienes que ceder.

No les ha sobrevenido ninguna tentación que no sea común a los hombres. Fiel es Dios, que no permitirá que ustedes sean tentados más allá de lo que pueden soportar, sino que con la tentación

«¿Quién subirá al monte del Señor? ¿Y quién podrá estar en su lugar santo? El de manos limpias y corazón puro».
(Salmos 24:3-4)

"Al escuchar las palabras de Dios y conocerlo con temor y afecto, estamos preparados para demostrar que las promesas del pecado sexual no son dignas de confianza y, por lo tanto, no son seductoras."
—Marshall Segal

proveerá también la vía de escape, a fin de que puedan resistirla. (1 Corintios 10:13)

Como hijo de Dios, tienes Su gracia divina disponible para ti en todo momento. No te dejes vencer; tú puedes hacerlo; la decisión es tuya. (Si somos sinceros, tendríamos que admitir que a menudo caemos porque interiormente *queremos* pecar).

Examina tu corazón: Dale gracias al Señor por su promesa de proporcionarte una vía de escape para toda tentación. Entiende que puedes vencer cualquier tentación mediante Su gracia.

3. Decídete a andar en pureza.

Por tanto, preparen su entendimiento para la acción. Sean sobrios en espíritu, pongan su esperanza completamente en la gracia que se les traerá en la revelación de Jesucristo. Como hijos obedientes, no se conformen a los deseos que antes tenían en su ignorancia, sino que así como aquel que los llamó es santo, así también sean ustedes santos en toda su manera de vivir. (1 Pedro 1:13-15)

Las batallas se pueden ganar o perder antes de confrontar al enemigo. No esperes hasta encontrarte cara a cara con la tentación sexual antes de decidir cómo responderás. *¡Sería muy tarde!* Juega a la ofensiva: antes de que venga la tentación, decídete en tu corazón a ser moralmente puro mediante la gracia de Dios.

Examina tu corazón: ¿Te has propuesto ser puro, sin importar la tentación o cuán fuerte esta sea? Haz un compromiso con Dios de que, cueste lo que cueste, tus decisiones serán moralmente agradables para Él.

4. Deshazte de toda amargura.

Cuídense de que nadie deje de alcanzar la gracia de Dios; de que ninguna raíz de amargura, brotando, cause dificultades y por ella muchos sean contaminados. Que no haya ninguna persona inmoral ni profana como Esaú, que vendió su primogenitura por una comida. (Hebreos 12:15-16)

Las heridas del pasado y nuestra negativa a perdonar a quienes nos han hecho daño proporcionan un terreno fértil para que florezca la amargura. La amargura, si no se controla, nos hace más propensos a sucumbir a la sensualidad, o incluso a perseguirla, y a justificarla en nuestro subconsciente sobre la base de cuán profundamente hemos sido heridos. La amargura es como un veneno; contamina. El perdón es el único antídoto. No puedes aferrarte a las heridas guardadas y buscar la pureza al mismo tiempo.

Examina tu corazón: Pídele a Dios que te muestre si hay alguna «raíz de amargura» en tu corazón. Si es así, entrégasela y recibe Su gracia para perdonar al ofensor y ayudarte a lidiar con el daño que te ha causado.

5. Refrena tus deseos carnales.

Antes bien, vístanse del Señor Jesucristo, y no piensen en proveer para las lujurias de la carne. (Romanos 13:14)

No puedes complacer a tu carne en un área y esperar conquistarla en otra. No permitas ni siquiera que un área corra peligro. Ceder en un tema (no importa cuán pequeño sea) debilita tu resistencia y te hará más vulnerable al pecado en otros asuntos que pueden tener consecuencias aún mayores.

Examina tu corazón: ¿Hay algún área en la que estés complaciendo deseos carnales y pecaminosos (por ejemplo: la comida, tus gastos, tu lengua, etc.)? ¿De qué manera puedes vestirte del Señor Jesucristo en lugar de proveer para los deseos de tu carne en esa área?

“Existe una intimidad que no se puede tener con Dios mientras se persigue una intimidad falsa con hombres o mujeres en las pantallas de las computadoras. Por cada momento que busques tu satisfacción en otra parte, no la buscarás en Dios.”

—Trip Lee

6. Rechaza todo lo que pueda llevarte a la esclavitud moral.

Y vi entre los simples,
distinguí entre los muchachos
a un joven falto de juicio,
pasando por la calle, cerca de su esquina;
iba camino de su casa, al atardecer,
al anochecer, en medio de la noche
y la oscuridad. (Proverbios 7:7-9)

Al caminar hacia la casa de una mujer seductora y estar cerca de ella, al amparo de la oscuridad, el joven de este proverbio se puso en una situación en la que su respuesta natural iba a ser pecaminosa. Cayó en su propia trampa de fracaso moral.

No podemos ir a vivir a una cueva, pero podemos ejercer cierto control sobre lo que encontramos durante la rutina de nuestras vidas. Las pequeñas elecciones pueden parecer insignificantes o justificables. Pero si esas elecciones pueden llevarnos a la tentación, debemos evitarlas a toda costa.

Examina tu corazón: ¿Hay elementos o influencias en tu hogar, en tu automóvil o en tu trabajo que puedan llevarte a la impureza moral? Toma la decisión de deshacerte de ellos sin demora. Haz una lista de lugares y personas que podrían inducirte a la inmoralidad y decide evitarlos.

Escribe una oración que exprese tu respuesta a lo que Dios le ha dicho a tu corazón mientras meditabas en estos seis primeros métodos para guardar la pureza moral.

día CUATRO

Día 5: Aplícalo a tu vida

Hoy veremos otros seis métodos que nos ayudarán a guardar nuestra pureza sexual. Tómate un tiempo para repasar brevemente la lista del Día 4. Luego busca en oración la ayuda de Dios para llegar a una estimación sincera de cuál es tu posición en el desarrollo de una vida de pureza moral que lo honre a Él.

7. Huye de toda forma de maldad.

> *Huye, pues, de las pasiones juveniles y sigue la justicia, la fe, el amor y la paz, con los que invocan al Señor con un corazón puro.* (2 Timoteo 2:22)

Si te encuentras en una situación potencialmente peligrosa, ¡huye! No te demores en considerar tus opciones. No confíes en tu razón o en tu fuerza de voluntad. Confía en Dios; ya te ha dicho lo que tienes que hacer: ¡corre!

> *Examina tu corazón:* ¿Estás actualmente involucrado en alguna actividad, situación o relación inmoral o que podría poner en peligro tu moral? ¿Qué quiere Dios que hagas al respecto? Escribe tu respuesta. (Usa otra hoja de papel o algún tipo de código si te preocupa que se vea tu respuesta). Haz lo que sepas que Dios quiere que hagas.

8. Renueva tu mente con la Palabra de Dios.

> *Por lo demás, hermanos, todo lo que es verdadero, todo lo digno, todo lo justo, todo lo puro, todo lo amable, todo lo honorable, si hay alguna virtud o algo que merece elogio, en esto mediten.* (Filipenses 4:8)

Las acciones incorrectas derivan de pensamientos incorrectos. Si vamos a cambiar nuestro comportamiento, primero debemos cambiar nuestra forma

> "Mantente lo más lejos que puedas de esas tentaciones que alimentan y fortalecen los pecados que vencerías. Sitia tus pecados y hazlos morir de hambre, mantén lejos el alimento y el combustible que sean su sustento y su vida."
>
> —Richard Baxter

"No conozco ningún pecado que pueda sofocar la vitalidad espiritual de un hombre que el pecado de la impureza moral."

—Del Fehsenfeld Jr.

de pensar. La Palabra de Dios tiene el poder de reformar nuestros hábitos al limpiar nuestros pensamientos y renovar nuestra mente (Romanos 12:1-2). Pero debemos asumir nuestra responsabilidad de introducir la Palabra de Dios en nuestros corazones leyéndola, memorizándola y meditando en ella.

> *Examina tu corazón:* ¿Qué estás haciendo para llenar tu mente y tu corazón con la Palabra pura y los caminos de Dios? ¿Es suficiente? ¿Estás permitiendo que influencias impías (libros, revistas, música, películas) moldeen tu pensamiento? ¿Qué cambios, si corresponde, debes hacer?

9. Busca ayuda.

> *Por tanto, confiésense sus pecados unos a otros, y oren unos por otros para que sean sanados. La oración eficaz del justo puede lograr mucho.* (Santiago 5:16)

Es difícil lograr la victoria en cualquier lucha contra el pecado, en especial, el de naturaleza moral, sin la ayuda de amigos piadosos. Si estás fallando en lo moral (o si estás esclavizado a cualquier otro hábito pecaminoso), busca a un creyente piadoso y maduro (de tu mismo sexo) y humíllate admitiendo tu necesidad ante esa persona. Pídele que ore por ti y que te permita rendirle cuentas en cualquier área específica en la que necesites ayuda.

> *Examina tu corazón:* ¿Quién conoce tus luchas personales más íntimas y está comprometido a orar por ti y a ayudarte a creer que Dios te dará la libertad y la victoria? ¿Estás siendo sincero con esa persona y le rindes cuentas de forma regular? Si no tienes a nadie que se involucre en tu vida de esa manera, pídele a Dios que te muestre a alguien a quien puedas acercarte y pedir ayuda.

10. Recuerda las consecuencias.

> *Sino que cada uno es tentado cuando es llevado y seducido por su propia pasión. Después, cuando la pasión ha concebido, da a luz el pecado; y cuando el pecado es consumado, engendra la muerte.*
> (Santiago 1:14-15)

En el momento de mayor tentación, el pecado es seductor. Después, es completamente destructivo. Piensa en la angustia que podrías acarrear sobre ti y tus seres queridos si decides ceder ante la inmoralidad.

> *Examina tu corazón:* Haz una lista de varias consecuencias dolorosas que podrían ocurrir si te entregaras al pecado moral. Luego, pasa la lista a una tarjeta pequeña o a una hoja de papel, y colócala en algún lugar donde recuerdes revisarla con regularidad.

11. Niégate a permanecer en derrota y depresión.

> *Porque el justo cae siete veces, y vuelve a levantarse [...].*
> (Proverbios 24:16)

¿Has fallado moralmente? Dios no puede bendecir el pecado de tu pasado. Pero Él puede (de hecho, lo hará) bendecir un corazón quebrantado y arrepentido. No hay pecado sexual tan grande que Dios no pueda perdonar. Él no restaurará tu virginidad si la perdiste; pero sí restaurará tu pureza. No permitas que tus caídas te mantengan derrotado; permite que Su misericordia te mantenga humilde y confiado en Su gracia. Puedes experimentar la victoria, a pesar de los contratiempos graves o momentáneos.

Examina tu corazón: Agradécele a Dios que, a través del poder y la cruz de Cristo, no tienes que vivir bajo el dominio del pecado, sino que has sido liberado para obedecerlo y seguirlo.

12. Apóyate en el Espíritu Santo.

Digo, pues: anden por el Espíritu, y no cumplirán el deseo de la carne. (Gálatas 5:16)

Quizás estés pensando: «Simplemente, no puedo hacerlo. ¡No puedo permanecer puro!» . . . Tienes razón; no puedes. . . al menos no por tu cuenta. Pero puedes llevar una vida pura por dentro y por fuera si confías en el Espíritu de Cristo que mora en ti. El Señor Jesús llevó una vida pura y sin mancha incluso mientras vestía las túnicas de la humanidad. El mismo poder que resucitó a Jesús de entre los muertos es capaz de guardarte sin caída y presentarte sin mancha en presencia de Su gloria con gran alegría (Judas 1:24).

Consejo +

Tal vez quieras utilizar una hoja de papel por separado para este ejercicio o fotocopiar esta página para registrar tus respuestas de manera más privada.

Examina tu corazón: Escribe una oración que exprese tu deseo de ser lleno del Espíritu Santo y de rendirte a Él en cada área de tu vida en lugar de satisfacer los deseos naturales de tu carne.

Para repasar, y como ayuda para memorizar los doce métodos para guardar la pureza moral, une cada uno con la descripción que corresponda a continuación.

___ 1. Reconoce tu potencial para el fracaso moral.	A. Es posible que deba evitar ciertos lugares o personas para mantenerme fuera del camino de la tentación.
___ 2. Comprende que no tienes que ceder.	B. No puedo ser puro por mi cuenta. Necesito a Dios.
___ 3. Decídete a andar en pureza.	C. No puedo complacer mi carne en un área y esperar conquistarla en otra.
___ 4. Deshazte de toda amargura.	D. Si he caído, Dios desea perdonarme y restaurarme.

día CINCO

____ 5. Refrena tus deseos carnales.	E. Perdonar las heridas del pasado aumenta mi resistencia a la tentación sexual.
____ 6. Rechaza todo lo que pueda llevarte a la esclavitud moral.	F. Debo ser consciente de cuán nocivo puede ser el pecado.
____ 7. Huye de toda forma de maldad.	G. Debo determinar obedecer a Dios antes de exponerme a la tentación.
____ 8. Renueva tu mente con la Palabra de Dios.	H. Las oraciones de otras personas y la posibilidad de rendirles cuentas puede ayudarme en esta lucha.
____ 9. Busca ayuda.	I. La gracia de Dios está disponible para concederme la victoria sobre el pecado moral.
____ 10. Recuerda las consecuencias	J. Debo introducir la Palabra de Dios en mi mente.
____ 11. Niégate a permanecer en derrota y depresión.	K. Al igual que todo creyente, soy vulnerable a la lujuria de la carne y de los ojos.
____ 12. Apóyate en el Espíritu Santo.	L. Si me encuentro en una situación potencialmente peligrosa, debo huir.

Hasta ahora, hemos tratado algunos problemas bastante graves: perdonar a quienes nos han lastimado, mantener la pureza sexual, etc. Quizás te preguntes cómo puedes experimentar una victoria constante en áreas tan difíciles. Pero hay un secreto que lo hace todo posible: *¡Cristo vive en nosotros!* La Lección 11 será de mucho ánimo para ti, no te la pierdas.

[1] Los doce métodos para guardar la pureza en los Días 4 y 5 de la Lección 10 fueron desarrollados y predicados originalmente por Del Fehsenfeld Jr. Más tarde fueron escritos en colaboración con Nancy DeMoss Wolgemuth y publicados en la revista *Spirit of Revival.*

Buscándole juntos

Inicio

1. Piensa en la lección sobre el perdón. ¿Has dado un paso en concreto para perdonar a alguien? Si es así, y si puedes hacerlo sin violar la confianza de alguien, comparte con el grupo cómo Dios te ha liberado a través del perdón.

2. ¿Por qué crees que es valioso incluir una lección sobre pureza moral en un estudio sobre avivamiento personal?

Discusión

3. Repasa la historia de esta lección en «Historias que edifican la fe». ¿Cómo puede la infidelidad moral de cualquier tipo (sexual o emocional, fantasías, etc.) dañar un matrimonio?

4. ¿Qué medidas de seguridad podría poner en práctica una pareja para evitar la infidelidad?

5. ¿Por qué crees que el pecado sexual de todo tipo se ha vuelto tan frecuente entre los creyentes profesantes hoy en día?

6. Si dieras un consejo a un hijo o hija adolescente sobre por qué y cómo mantenerse moralmente puro, ¿qué cosas le dirías?

7. ¿Cuál de los doce métodos para guardar la pureza moral (página 204) te resultó particularmente útil o desafiante? ¿Por qué?

8. Lee 1 Tesalonicenses 4:1-10 en voz alta. Analiza algunas de las ideas sobre la pureza moral que se encuentran en este pasaje. Aquí hay algunas preguntas para comenzar:

Cuando Pablo dice que debemos abstenernos de la inmoralidad sexual, ¿qué crees que eso incluye?

¿Por qué crees que Dios se toma tan en serio la inmoralidad sexual?

"Hay sosería, monotonía, puro aburrimiento en toda la vida cuando dejamos de apreciar y proteger la virginidad y la pureza. Al tratar de obtener satisfacción en todas partes, no la encontramos en ninguna."

—Elisabeth Elliot

Buscándole juntos

Pablo instó a los tesalonicenses a ser moralmente puros y les advirtió solemnemente acerca de la inmoralidad sexual. ¿Qué responsabilidad tenemos para con otros creyentes cuando se trata de este asunto de pureza moral?

Consejo +

Si en tu grupo hay tanto hombres como mujeres, puedes dividirlos para el resto del tiempo de discusión y oración.

¿Cómo afecta el pecado sexual nuestra relación con los demás? ¿Y con Dios?

Como cristianos, somos una familia (hermanos), conocemos a Dios, y Él nos ha dado su Espíritu Santo. ¿Cómo deberían esos hechos influenciar en nuestras elecciones sexuales?

¿De qué maneras podría Dios vengarse de la impureza moral? ¿Cómo podría el pensamiento de un juicio futuro motivarnos a ser moralmente puros?

¿Por qué crees que Pablo sigue este pasaje sobre la pureza sexual con una exhortación sobre el amor fraternal (vv. 9-10)? ¿De qué manera el amor verdadero es una protección contra la inmoralidad?

Ora por avivamiento

Agrúpense de dos en dos (hombres con hombres, mujeres con mujeres). Háganse las siguientes preguntas y respondan lo más sinceramente posible:

- ¿Experimentas la libertad moral y caminas en pureza sexual?
- ¿Hay algo de lo que Dios te haya estado hablando en relación con tu pureza sexual? ¿Hay áreas (tus pensamientos, tus relaciones, tu comportamiento) en las que tengas luchas morales? ¿Cuál es tu mayor batalla moral?
- ¿Cómo respondiste a la pregunta 10 del Día 2 de esta lección (pág. 193)?
- ¿Qué puedo hacer para animarte o ayudarte en esta área de tu vida?

Tómense un tiempo para orar el uno por el otro y pídanle a Dios ser moralmente puros mediante Su gracia. Si esto no es algo con lo que ninguno de los dos esté luchando, oren por sus cónyuges u otras personas del grupo. Oren por cualquiera que pueda estar luchando contra la tentación en esta área. Pídanle a Dios que guarde sus corazones, que los purifique y que los mantenga puros para Su gloria.

"La sexualidad santa es un amor tan grande que valora la pureza del otro, exonera el estatus de esa persona como portadora de la imagen del Rey y como hija o hijo, y no la deshumaniza mediante la manipulación de la lujuria."

—Rosaria Butterfield

+ Consejo

Al abrir tu corazón delante de tu compañero de oración, ten cuidado de no violar la confianza de otra persona o de dar detalles vergonzosos.

LECCIÓN 11

Una vida llena del Espíritu:

EL PODER DE DIOS EN TI

Ya sea que te des cuenta o no, el Espíritu Santo participa activamente en cada dimensión de tu vida cristiana, desde antes de que te convirtieras hasta que llegues al cielo. El plan nunca fue que viviésemos separados de Él; de hecho, ¡no podemos experimentar la vida cristiana lejos de Él!

La madurez cristiana no se puede lograr esforzándose más o haciendo más. Dios no nos muestra la perspectiva de una vida abundante y luego nos deja sueltos en un laberinto para tratar de encontrar nuestro camino. El Espíritu Santo actúa como nuestro guía y compañero, el enviado del cielo para llevarnos a casa. Él nos capacita para obedecer a Dios, nos da poder para llegar a ser como Jesús y nos llena de poder sobrenatural para la obra y el testimonio. Por lo tanto, debemos aprender a escucharlo, a seguirlo, a confiar en Su poder y a caminar en Su plenitud.

Verso para memorizar

«Digo, pues: anden por el Espíritu, y no cumplirán el deseo de la carne».

(Gálatas 5:16)

Profundiza en la Palabra

- Salmos 139:7-12
- Juan 14:15-17
- 1 Corintios 2:10-13
- 2 Corintios 5:1-5

Día 1: Historias que edifican la fe

1 ¿Cuándo te diste cuenta y comprendiste por primera vez que Cristo murió por tu pecado? ¿De qué manera te modificó esa verdad? Escribe un breve relato de tu experiencia de conversión.

Lee la historia sobre el viaje de una mujer a través del desierto de la depresión y de la inestabilidad emocional hacia la libertad y la plenitud en Cristo.

> Aunque mis padres profesaban ser cristianos, la atmósfera en nuestro hogar se caracterizaba por los conflictos, la ira y la rebelión. Desde que tengo memoria, tuve episodios de depresión. En mis primeros años como adulta, mi amargura se vio alimentada aún más por las decepciones y los fracasos en las relaciones.
>
> Cuando me casé y tuve hijos, descubrí que prácticamente todas las áreas de mi vida se veían afectadas negativamente por la amargura y el dolor. La paz, el gozo y la alegría siempre parecían estar más allá de mi alcance. Luchaba por hacer frente a la vida y a sus responsabilidades, y llegué a un punto en el que apenas podía funcionar. Por las mañanas, lo único que podía hacer era levantarme y vestir a mis hijos. Algunos días no podía levantarme de la cama en absoluto. Pero debido a que mi esposo ocupaba una posición destacada en nuestra iglesia, generalmente me las arreglaba para estar mejor los domingos. Me sorprende cómo el orgullo me permitía hacer eso para mantener la apariencia de que todo estaba bien.
>
> No obstante, de puertas adentro, me estaba cayendo a pedazos. Mis hijos y mi esposo recibían la peor parte de mis arrebatos de ira, de mi furia frecuente y de mi depresión crónica. Como resultado de mi inestabilidad emocional, nuestros hijos comenzaron a crecer en un hogar muy parecido al hogar en el que yo me había criado. Sentía que no había esperanza. Llegué a la conclusión de que si la vida era solo esto (y parecía que lo era), entonces no quería seguir viviendo. Simplemente no veía ningún propósito para continuar.
>
> Mi esposo, que parecía ser todo lo que yo no era (estable, consistente, centrado), se esforzaba por satisfacer mis necesidades y ayudarme.

«Llegué a la conclusión de que si la vida era solo esto (y parecía que lo era), entonces no quería seguir viviendo».

día UNO

Comencé a ver a un psiquiatra cristiano que me recetó medicamentos para tratar la depresión. Cuando eso no parecía ayudar, probamos con otro psiquiatra y con un medicamento diferente. Pasamos por varios ejercicios diseñados para ayudarme a superar mis dolores y recuerdos dolorosos, pero nada parecía ayudar.

Varios meses y muchos dólares después, Dios trajo un equipo a nuestra iglesia para una cumbre de avivamiento. A medida que el equipo ministraba la simple verdad de la Palabra de Dios, comencé a ver que no solo era una víctima de las personas y de las circunstancias que me habían lastimado, sino que también era personalmente responsable de las formas en que había elegido responder a esas heridas.

Por años había culpado a mi familia y a otros por mi depresión y por mi incapacidad para hacerle frente a la vida. Pero Dios me abrió los ojos para ver que muchas de las cosas a las que había llamado «problemas» eran, en realidad, pecados contra un Dios santo. Yo había violado deliberadamente su Palabra a través de mi amargura, falta de perdón, descontento y negación a dar gracias en todo.

«Yo, yo, yo; eso había en la raíz de mi problema mental y emocional».

Dios comenzó a mostrarme la raíz repugnante del «yo» en mi vida, con todas sus caras: autocompasión, autointrospección, autocondena, egocentrismo, autodefensa. Y la lista seguía. Qué alivio fue reconocer que las circunstancias de mi pasado no me habían convertido en lo que era, sino que solo habían revelado la raíz profunda del «yo» que debía ser llevada a la cruz. Solo entonces pude cambiar mi «yo» amargado y sin perdón por la vida amorosa, sacrificada y misericordiosa de Jesús.

La mayor parte de mi vida había sabido que debía caminar en el Espíritu, pero nunca me había apropiado del poder de la cruz, que me ha liberado del dominio del pecado y del «yo». Ahora puedo testificar de la realidad de que caminar en el Espíritu significa que, al entregar el control de mi vida a Cristo, puedo experimentar Su libertad y poder.

2 ¿Qué descubrió esta mujer en la raíz de sus luchas contra la depresión y la inestabilidad emocional?

3 ¿Qué ayudó en última instancia a esta mujer a encontrar la libertad?

4 Lee Juan 7:37-39. ¿Cómo describió Jesús lo que sucedería como resultado del ministerio del Espíritu Santo en nuestras vidas? Si deseas o sientes la necesidad de una mayor plenitud del Espíritu en tu vida, exprésale eso al Señor ahora en una simple oración escrita o verbal.

Día 2: Encuentro con la verdad

AYUDA DEL CIELO

Los discípulos estaban abatidos. Jesús les acababa de decir que los dejaría pronto y no solo que partiría hacia otro lugar, sino que pasaría a la eternidad. También les había dicho que sus vidas serían extremadamente difíciles. Debido a su llamado a ser Sus discípulos, muchas personas los iban a odiar y rechazar. No podían imaginar la perspectiva de enfrentar el futuro sin su mejor amigo y líder espiritual, y necesitaban consuelo y tranquilidad. Y eso es exactamente lo que Jesús les dio en su última noche juntos antes de ir a la cruz, cuando les presentó al Espíritu Santo.

> 6 *Pero porque les he dicho estas cosas, la tristeza ha llenado su corazón.*
> 7 *Pero Yo les digo la verdad: les conviene que Yo me vaya; porque si no me voy, el Consolador no vendrá a ustedes; pero si me voy, se lo enviaré.*
> (Juan 16:6-7)

5 Conociendo el profundo dolor de ellos, ¿por qué Jesús les dijo a Sus discípulos que les convenía que Él se fuera?

___

___

___

___

Por más de treinta años, Cristo había sido la manifestación física de Dios en la tierra. Él era Emanuel, Dios con nosotros. Todo el tiempo había sido el plan de Dios que después de que el Hijo diera su vida en sacrificio por nuestra expiación y resucitara de entre los muertos, este volviera a la diestra del Padre. Sin embargo, nunca estuvo en el plan de Dios dejar solos a Sus hijos, sino que Él siempre tuvo la intención de estar con ellos.

Esa misma noche, Jesús dijo a Sus discípulos: «Entonces yo rogaré al Padre, y él les dará otro Consolador para que esté con ustedes para siempre; es decir, el Espíritu de verdad [...]» (Juan 14:16-17). Cuando nos dijo que no nos dejaría ni desampararía no fue sentimentalismo, sino una promesa de Dios.

! Punto clave

Dios está constantemente con Sus hijos a través de la presencia del Espíritu Santo.

Perspectiva adicional

La palabra griega para «consolador» es *parákletos*, que describe a alguien que es llamado al lado de otro para ser su abogado, intercesor y consejero. La misma palabra a veces se traduce como «abogado» en el Nuevo Testamento.

Perspectiva adicional

El Espíritu Santo no es «algo», sino una persona divina y miembro de la Trinidad. Él es Dios, como Jesús es Dios, y está a la misma altura que el Padre y que el Hijo (Mateo 28:19; Hechos 5:3-4).

6 ¿Qué esperanza te da hoy la verdad de que Dios está contigo y que no estás solo en tus circunstancias?

> "Cualquier énfasis en la persona y obra del Espíritu que desvirtúe la persona y obra de Jesucristo no es obra del Espíritu."
>
> —James Montgomery Boic

7 ¿Qué es más probable que suceda: que tus problemas desaparezcan o que el Espíritu Santo te consuele y fortalezca para superarlos? Explica tu respuesta.

Jesús no solo prometió a sus discípulos que Dios Espíritu Santo estaría *con* ellos, sino que dijo: «[...] mora con ustedes y estará *en ustedes*» (Juan 14:17).

8 Dios, en la forma del Espíritu Santo, realmente habita en cada creyente (ver 1 Corintios 3:16). ¿Qué implicaciones prácticas tiene eso para tu vida?

¿Qué hace el Espíritu Santo en la vida de un creyente? Jesús dejó en claro que la obra principal del Espíritu no iba a ser glorificarse a sí mismo, sino poner el foco en Cristo y darnos a conocer su verdad:

> [13] *Pero cuando él, el Espíritu de verdad venga, los guiará a toda la verdad, porque no hablará por su propia cuenta, sino que hablará todo lo que oiga, y les hará saber lo que habrá de venir.* [14] *Él me glorificará, porque tomará de lo mío y se lo hará saber a ustedes.* (Juan 16:13-14)

9 El Espíritu Santo vino para hacer a Cristo más real para nosotros y más real para los demás a través de nosotros. Según este pasaje, ¿cómo hace eso?

10 Desde el momento en que Él nos convence de nuestra necesidad de Cristo y nos atrae a la fe en Cristo, el Espíritu Santo participa activamente en la vida de cada hijo de Dios. ¿Qué nos dicen los versos siguientes acerca del ministerio del Espíritu en nuestras vidas?

*Ezequiel 36:27*____________________

*Juan 14:26; 16:13*____________________

*Hechos 1:8*____________________

*Romanos 5:5*____________________

*Romanos 8:26-27*____________________

*Romanos 15:13*____________________

*1 Corintios 12:4-7, 11*____________________

*Gálatas 5:22-23*____________________

El Espíritu Santo que mora en nosotros nos permite llevar una vida de libertad espiritual, fructífera y de plenitud. Selecciona uno de los elementos de esta lista y agradécele a Dios por la forma en que esta obra particular del Espíritu Santo influye en tu vida hoy. Dale las gracias al Padre por haber enviado al Espíritu Santo y pídele que glorifique a Cristo en ti y a través de ti.

"El creyente no puede avanzar ni un paso sin el Espíritu. No puede lograr una victoria sin el Espíritu. No puede existir un momento sin el Espíritu. Así como lo necesitó al principio, también lo necesita durante todo su viaje."

—Octavio Winslow

día DOS

Día 3: Encuentro con la verdad

DIOS OBRANDO EN MÍ

El Espíritu Santo participa activamente en nuestra salvación. Jesús dijo: «Y cuando él [el Espíritu Santo] venga, convencerá al mundo de pecado, de justicia y de juicio» (Juan 16:8). Es el Espíritu Santo quien nos atrae a la fe en Cristo al convencernos primero de nuestra pecaminosidad.

Punto clave !

El poder de Dios obra en nosotros a través del Espíritu Santo.

Después de que nacemos de nuevo, es el Espíritu quien nos asegura nuestra posición ante Dios: «El Espíritu mismo da testimonio a nuestro espíritu de que somos hijos de Dios» (Romanos 8:16). Esa seguridad es fundamental para nuestra victoria en la batalla contra el pecado, en nuestra comprensión de los asuntos espirituales y en nuestra búsqueda de la semejanza a Cristo.

Perspectiva adicional

La santificación es la obra progresiva de Dios que nos libera del control del pecado y nos hace más como Cristo. El Espíritu Santo inicia y sostiene la santificación dentro de nosotros, y el cuerpo de Cristo (la Iglesia) que nos rodea la respalda.

Después de convertirnos en hijos de Dios, entramos en un proceso llamado *santificación*, un proceso que continúa hasta el día en que llegamos al cielo. Esto también es obra del Espíritu Santo:

> *Y esto eran algunos de ustedes; pero fueron lavados, pero fueron santificados, pero fueron justificados en el nombre del Señor Jesucristo y en el Espíritu de nuestro Dios.* (1 Corintios 6:11)
>
> *[...] Dios los ha escogido desde el principio para salvación mediante la santificación por el Espíritu y la fe en la verdad.* (2 Tesalonicenses 2:13)

Perspectiva adicional

En las Escrituras, la palabra «carne» describe el estado natural de los seres humanos sin Cristo. Incluso después de que una persona recibe a Cristo y nace de nuevo por el Espíritu de Dios, esa persona continúa habitando dentro de los confines e influencias de esa carne, y lo hará hasta que su cuerpo terrenal sea reemplazado por uno celestial (1 Corintios 15:50 y siguientes).

11 Define «santificación» con tus propias palabras.

____

La santificación es un proceso mediante el cual somos transformados a la semejanza de Jesús. Ese proceso no siempre es fácil. Si ya llevas un tiempo como cristiano, eres consciente de que te encuentras en una batalla espiritual. Algunos de nuestros enemigos son externos: Satanás, el enemigo eterno de Dios, busca ganar nuestra lealtad. El sistema mundial en el que vivimos lucha contra todo lo que es piadoso. Pero tenemos un tercer enemigo igualmente feroz que no es externo. Si eres hijo de Dios, hay una guerra en tu *interior*: una batalla entre tu carne y el Espíritu de Dios que mora en ti.

día TRES

> *Porque el deseo de la carne es contra el Espíritu, y el del Espíritu es contra la carne, pues estos se oponen el uno al otro, de manera que ustedes no pueden hacer lo que deseen.* (Gálatas 5:17)

Nuestra carne, con todos sus deseos, pensamientos, valores y comportamiento, es perversa, corrupta y se opone a Dios. El Espíritu de Cristo que vive en nosotros lleva a cabo el proceso de transformar nuestros deseos y santificarlos. Pero nuestra carne es fuerte; busca prosperar y no está dispuesta a morir. Entonces, por un lado, sentimos la atracción hacia la obediencia y hacia la justicia; pero, al mismo tiempo, sentimos una fuerza contraria que nos incita a saciar los antojos de nuestra carne.

12 El siguiente cuadro ilustra esta batalla al contrastar algunas de las actitudes del corazón que son características de nuestra carne con las actitudes que el Espíritu Santo produce en nosotros.

En cada par de actitudes contrarias, coloca una marca junto a la que más caracterice tu vida.

Actitudes de un corazón guiado por la carne	**Actitudes de un corazón guiado por el Espíritu**
❍ Antipático, desagradable, ansioso	❍ De espíritu dulce, agradable
❍ Severo, irritable, impasible	❍ De corazón tierno
❍ Centrado en ti mismo, impaciente	❍ Amable
❍ Amargado, te ofendes con facilidad, desdeñoso	❍ Cordial
❍ Celoso, exigente	❍ Humilde de corazón
❍ Orgulloso, egoísta	❍ Sacrificado
❍ Perezoso, irresponsable, buscas llevarte el crédito	❍ Corazón de siervo
❍ Religioso, crítico	❍ Te deleitas en Cristo
❍ Aires de superioridad moral	❍ La fe es un deleite, no un deber
❍ Altivo, jactancioso, manipulador	❍ Pobre en espíritu

"Aunque siempre habrá un aspecto de la carne que influirá constantemente hasta que nos encontremos con el Señor, no tenemos excusa para que el pecado siga corrompiendo nuestras vidas. [...] Tenemos los recursos del Espíritu de Cristo dentro de nosotros para resistir y dar muerte a las obras del cuerpo, que resultan de vivir según la carne."

—John MacArthur

❍ Lengua suelta, juzgas a los demás	❍ Te lamentas con dolor piadoso
❍ No eres amistoso; haces lo que te place	❍ Manso, cedes tus derechos
❍ Buscas tu propio placer y comodidad	❍ Hambre y sed de justicia
❍ Implacable	❍ Misericordioso
❍ Te amas a ti mismo y al placer del mundo	❍ Puro de corazón
❍ Chismoso, generas conflictos	❍ Pacificador
❍ Tus emociones dependen de las circunstancias	❍ Gozoso en el Señor

En última instancia, la batalla entre la carne y el Espíritu es una batalla por el control. Basado en el ejercicio anterior, ¿vives tu vida más bajo el control de la carne o del Espíritu?

El Espíritu coloca en cada hijo de Dios el deseo de liberarse del control de la carne. Pero ¿es eso en verdad posible? Muchos cristianos pasan gran parte de sus vidas *luchando* y *esforzándose más* por reprimir sus tendencias carnales. El problema es que *la carne no puede reformar la carne*. Nuestras pasiones y deseos carnales deben morir. En Romanos 8, Pablo nos llama a vivir según el Espíritu, que es el único que tiene el poder de vencer nuestra carne:

> *5 Porque los que viven conforme a la carne, ponen la mente en las cosas de la carne, pero los que viven conforme al Espíritu, en las cosas del Espíritu. 6 Porque la mente puesta en la carne es muerte, pero la mente puesta en el Espíritu es vida y paz.*
>
> *12 Así que, hermanos, somos deudores, no a la carne, para vivir conforme a la carne. 13 Porque si ustedes viven conforme a la carne, habrán de morir; pero si por el Espíritu hacen morir las obras de la carne, vivirán.* (Romanos 8:5-6, 12-13)

13 Según estos versos de Romanos 8, ¿qué acción se requiere de nuestra parte en la batalla entre el Espíritu y la carne (vv. 6, 13)?

14 En un día normal, ¿pasas más tiempo pensando en la verdad espiritual o en darle a tu carne lo que quiere? ¿Cómo podemos poner nuestra mente en el Espíritu en lugar de en la carne?

Nuestra carne es fuerte, pero el Espíritu lo es aún más. Debemos ejercer fe en el poder que tiene el Espíritu Santo que mora en nosotros para que nos brinde la victoria sobre la carne.

15 Lee Romanos 8:11. ¿Cuánto poder tiene el Espíritu Santo? ¿Cuál es la implicación de esa verdad al enfrentarte a la batalla diaria entre tu carne y el Espíritu?

"Cuando tienes al Espíritu Santo viviendo en tu interior, posees un recurso que puede darte vida abundante aun a través del asedio más largo del enemigo."

—David Jeremiah

Día 4: Encuentro con la verdad

Punto clave !

Todo creyente debe ser lleno del Espíritu; no en ocasiones, sino de manera continua.

"La vida llena del Espíritu no es una edición especial y de lujo del cristianismo, sino que es parte integral del plan total de Dios para su pueblo."

—A. W. Tozer

ANDAR POR EL ESPÍRITU

Pablo instó a los cristianos de Éfeso a ser llenos del Espíritu Santo (Efesios 5:18). De manera similar, exhortó a los gálatas a andar por el Espíritu:

> [16] *Digo, pues: anden por el Espíritu, y no cumplirán el deseo de la carne.*
> [25] *Si vivimos por el Espíritu, andemos también por el Espíritu.*
> (Gálatas 5:16, 25)

En ambos casos, Pablo estaba desafiando a los creyentes a ceder al control del Espíritu Santo, no solo por un tiempo breve, sino en cada momento de sus vidas. Luego de haberse enfrentado a algunas de las circunstancias más duras de la vida y a la presión de su propia carne pecaminosa, Pablo sabía que vivir bajo el control del Espíritu era la única manera real de vivir en victoria. Y quería que aquellos a quienes amaba experimentaran lo mismo.

16 ¿Por qué crees que tantos cristianos no están constantemente llenos del Espíritu Santo (no andan por el Espíritu)?

Debido a los abusos y excesos que hayamos observado, podemos ser escépticos, aun temerosos, acerca de hacia dónde nos llevará una discusión sobre la plenitud del Espíritu. O podemos preferir mantener el control de nuestras vidas, sin querer ser llenos o guiados por nadie más que por nosotros mismos. Lamentablemente, muchos creyentes no están familiarizados con lo que las Escrituras enseñan sobre la plenitud del Espíritu.

La Escritura utiliza una comparación con la embriaguez para ayudarnos a comprender que estar llenos del Espíritu Santo es estar bajo su control.

> [18] *Y no se embriaguen con vino, en lo cual hay disolución, sino sean llenos del Espíritu.* (Efesios 5:18)

17 ¿De qué forma la imagen de estar embriagados con vino ejemplifica sobre lo que significa estar «llenos del Espíritu»?

18 Después de ordenarnos que seamos llenos del Espíritu (Efesios 5:18), Pablo describe cómo aplicarlo en la vida diaria. Lee los siguientes versos y enumera algunas de las manifestaciones prácticas de estar llenos del Espíritu.

En nuestra adoración pública (Efesios 5:19-20)

En nuestras relaciones con otros creyentes (Efesios 5:21)

En nuestros matrimonios (Efesios 5:22-25)

En las relaciones entre padres e hijos (Efesios 6:1-4)

En el lugar de trabajo (Efesios 6:5-9)

En nuestra guerra espiritual (Efesios 6:10-18)

> "Ser lleno del Espíritu es simplemente esto: tener toda mi naturaleza sometida a su poder. Cuando toda el alma esté sometida al Espíritu Santo, Dios mismo la llenará."
>
> —Andrew Murray

19 Según las Escrituras, el Espíritu Santo puede ser contristado (Efesios 4:30); puede ser apagado (1 Tesalonicenses 5:19); y lo podemos resistir (Hechos 7:51). ¿Cuáles son algunas formas en las que podríamos contristar o apagar al Espíritu o algunas cosas que podrían obstaculizar el libre fluir de la vida, del poder y del gozo de Dios en nosotros y a través de nosotros? (Efesios 4:30-32 menciona varias).

20 ¿Hay algo en tu vida en este momento que esté contristando o apagando el Espíritu y que te impida andar en Él? ¿Algún pecado sin confesar? ¿Un conflicto sin resolver con otro creyente? ¿Algún punto de desobediencia o resistencia? ¿Incredulidad? ¿Autosuficiencia?

Cada vez que le decimos que sí a nuestra carne y no a Dios, contristamos Su Espíritu y le cedemos un mayor control a nuestra carne. Asimismo, cada acto de obediencia y entrega a Dios nos pone más completamente bajo el control del Espíritu Santo y libera Su poder en nuestras vidas. Esta simple verdad es fundamental para andar por el Espíritu, simplemente obedecerle en cada momento del día. Cuando pecamos (y lo haremos), debemos confesar nuestro pecado de forma rápida y entregarnos de nuevo a Su control.

¿Estás lleno del Espíritu Santo en este momento? Puedes estarlo. Estar lleno del Espíritu no es una especie de experiencia mística reservada para ciertos cristianos que son especialmente privilegiados o súper espirituales. Tan solo implica que confesemos todos y cada uno de los pecados conscientes, que caminemos en obediencia todo el tiempo bajo Su liderazgo y que confiemos en que Él puede vivir a través de nosotros (Gálatas 2:20). A medida que seamos llenos del Espíritu, Su poder sobrenatural se manifestará en nuestras vidas y a través de ellas, nos dará la victoria sobre el pecado y sobre nuestra carne, producirá en nosotros el corazón y el carácter del Señor Jesús y nos capacitará para que nuestro testimonio y nuestro servicio sean efectivos.

Pídele a Dios que te llene con su Espíritu. Confía en que Él lo hará. Luego agradécele por el don increíble del Espíritu.

"La vida llena del Espíritu es una vida de absoluta, incondicional e incuestionable obediencia a Dios."

—Del Fehsenfeld Jr.

Día 5: Aplícalo a tu vida

Cuando estemos llenos del Espíritu y vivamos bajo su control, Él producirá en nosotros lo que la Escritura llama «el fruto del Espíritu»:

> [22] *Pero el fruto del Espíritu es amor, gozo, paz, paciencia, benignidad, bondad, fidelidad,* [23] *mansedumbre, dominio propio; contra tales cosas no hay ley.* (Gálatas 5:22-23)

Este fruto es realmente una descripción del mismo Señor Jesús, ¡aquel a quien el Espíritu vino a glorificar! Estas bendiciones o cualidades serán evidentes en quienes viven bajo el control del Espíritu Santo.

Tómate un tiempo para leer y meditar en uno o más pasajes bíblicos junto a cada cualidad a continuación. Luego, considera con un espíritu de oración las preguntas que siguen. Mientras lo haces, pídele al Espíritu que te revele la verdadera inclinación de tu corazón; pídele que produzca su fruto en tu vida y a través de ella.

Amor (1 Corintios 13:4-8; 1 Juan 4:7-12)

- ¿La gente siente que tiene que ganarse mi aprobación o, en general, saben que los amo y que los ayudaré en todo lo que pueda?
- ¿Me impulsa más dar amor o recibirlo?
- ¿Amo genuinamente a aquellas personas en mi vida que no son dignas de amor o que no me aman?

Perspectiva adicional

¿Experimentas gozo? Cinco veces en el Nuevo Testamento (Hechos 13:52; Romanos 14:17; 15:13; Gálatas 5:22; 1 Tesalonicenses 1:6), el gozo se atribuye a la presencia del Espíritu Santo.

Gozo (Salmos 4:7; 16:11; 32:11; Juan 15:11; Filipenses 4:4)

- ¿Mi nivel de gozo y felicidad suelen ser constantes, independientemente de las circunstancias externas o de cómo me traten los demás?
- ¿La gente ve que el gozo del Señor se manifiesta en mi vida?
- ¿Sirvo al Señor con gozo?

Paz (Juan 14:27; 16:33; Filipenses 4:6-7; Colosenses 3:15; 2 Tesalonicenses 3:16)

- Cuando estoy bajo presión, ¿mi espíritu suele permanecer tranquilo en lugar de desesperarse o turbarse?
- ¿Manifiesto tranquilidad mental interior y confianza en que Dios tiene el control, más allá de lo que esté sucediendo a mi alrededor?

Paciencia (Colosenses 1:11-12; Santiago 1:2-4; 5:8)

- ¿Tardo en enojarme cuando otros me maltratan?
- ¿Estoy dispuesto a aceptar y resistir ante circunstancias irritantes y adversas?
- ¿Estoy dispuesto a esperar a que Dios me reivindique o recompense mis trabajos?

Amabilidad (Efesios 4:32; 2 Timoteo 2:24)

- ¿Trato a los demás como me gustaría que me traten y como Dios me ha tratado a mí?
- ¿Demuestro una preocupación genuina por los demás?
- ¿Soy reflexivo y considerado y estoy atento a las necesidades de los demás?

Bondad (Lucas 6:27b; Romanos 12:21; Gálatas 6:10)

- ¿Manifiesto bondad al hacer buenas obras para mis hermanos en la fe?
- ¿Busco vencer el mal haciendo activamente el bien a los que me maltratan o me odian?

Fidelidad (Mateo 24:45-46; Lucas 16:10-13; 1 Corintios 4:2; 15:58)

- ¿Estoy comprometido a tomar decisiones que agraden a Dios, incluso cuando sé que otros no me están mirando?
- ¿Permanezco en un trabajo o en una tarea hasta que se concluya con éxito?
- ¿Soy confiable? ¿Digno de confianza? ¿Leal?

Mansedumbre (Mateo 5:5; 11:29; Efesios 4:1-2; Tito 3: 2; Santiago 3:17; 1 Pedro 3:4)

- ¿A los demás les resulta fácil acercarse a mí, aun para tratar temas difíciles, o tienen motivos legítimos para temer hablar conmigo?
- ¿Soporto los malentendidos y la injusticia sin tomar represalias o ponerme a la defensiva?
- ¿Tengo un espíritu manso y dócil?

Dominio propio (1 Corintios 9:24-27; Tito 2:1-10)

- ¿Soy moderado y disciplinado en relación con la comida y la bebida? ¿Con el uso de mi lengua? ¿Con mi uso del tiempo? ¿Con mis reacciones y respuestas a personas y circunstancias?
- ¿Están mis pasiones y apetitos carnales bajo el control del Espíritu Santo?

Después de realizar un ejercicio como éste (o como otros en este estudio), puede que te sientas preocupado, incluso abrumado, por todo lo que debes crecer espiritualmente. Recuerda que estas no son cualidades *naturales* que podamos fabricar, sino que son el fruto *sobrenatural* que se producirá en nuestras vidas cuando seamos llenos del Espíritu de Cristo. Estas son las características de Su vida que fluyen a través de nosotros mientras permanecemos en Él y nos rendimos a Su control. Dios no te ha dejado para que hagas esto por tu cuenta. Por el Espíritu ha establecido Su residencia en ti y trabaja constantemente para santificarte.

Buscándole *juntos*

Inicio

1. ¿Qué perspectiva sobre la persona y la obra del Espíritu Santo te resultó particularmente útil o alentadora en esta lección?

2. Cuéntale al grupo acerca de alguna forma específica en la que el Espíritu Santo te haya ayudado o te esté ayudando a crecer en tu fe en Cristo.

Discusión

3. El relato de «Historias que edifican la fe» trató acerca de una mujer que luchaba contra la depresión y la ira. ¿De qué manera crees que buscar el perdón de Dios, de su esposo y de otros por la forma en que su pecado los había afectado contribuyó a la sanación de esta mujer?

"Debemos tener el poder y la presencia del Espíritu Santo, de lo contrario, nuestra religión se convertirá en una burla ante Dios y una miseria para nosotros mismos."

—C. H. Spurgeon

Buscándole *juntos*

«El Espíritu en cada creyente es un pozo vivo y profundo de todas las bendiciones espirituales.»

—Octavio Winslow

4. Aun si nos sentimos profundamente heridos por la forma en que los demás nos tratan, ¿por qué es esencial aceptar la responsabilidad de nuestros actos en lugar de adoptar una mentalidad de víctima?

5. Enumera algunas de las cosas que hace el Espíritu Santo en la vida de un cristiano.

«La vida llena del Espíritu es la vida dirigida por Cristo por la cual Él vive en nosotros y a través de nosotros en el poder del Espíritu Santo.»

—Bill Bright

6. ¿Qué significa «santificación»? ¿Cuál es el papel de Dios y cuál es nuestra responsabilidad en el proceso de santificación?

7. ¿Cómo nos ayuda el Espíritu Santo a vencer nuestra carne?

8. ¿Qué significa estar llenos del Espíritu Santo? Describe a una persona que esté andando por el Espíritu Santo o que esté llena de Él.

9. Discute acerca del impacto que genera que los creyentes no sean llenos del Espíritu en sus hogares, en sus iglesias y en nuestra sociedad.

10. ¿Cuál crees que podría ser el impacto si todos los creyentes comenzaran a ser llenos del Espíritu y a andar por Él en sus hogares, en sus iglesias y en nuestra sociedad?

Ora por avivamiento

Oren juntos como grupo o únanse con uno o dos más. Pídanle a Dios que ayude a cada uno de ustedes a que se acerquen y permanezcan bajo el control del Espíritu Santo. Pídanle una nueva llenura de su Espíritu en sus vidas. Clamen a Él por un avivamiento y una vida llena del Espíritu en sus hogares, en su iglesia y en su comunidad.

La vida devocional:

BÚSCALO A DIARIO

¿Qué pasaría si alguien te dijera que dentro de un año podrías mirar hacia atrás y ver doce meses de crecimiento espiritual constante? Podrías caminar más cerca de Dios como nunca. Podrías estar disfrutando de una conciencia más profunda de Su amor por ti y de tu amor por Él. Podrías caminar con mayor libertad sobre el pecado. Tu vida podría estar dando el fruto del Espíritu, y Dios te estaría usando como un instrumento de Su gracia en la vida de los demás.

¿Querrías eso? Estos no son sueños imposibles, sino el fruto que damos a medida que crecemos en la intimidad con Dios. En esta lección final, queremos considerar una de las claves más importantes para el avivamiento personal continuo. Esa clave es lo que se conoce como *una vida devocional*: la práctica de pasar tiempo a solas todos los días con Dios, con Su Palabra y en oración.

La vida devocional del cristiano es fundamental para su madurez espiritual y para su capacidad para conocer a Dios y darlo a conocer a los demás. Una vida devocional implica más que solo hacer devocionales; es un llamado a la *devoción*, una oportunidad para cultivar una relación íntima de amor con Dios. Es vital para experimentar una vida en la que lo busquemos y gocemos del avivamiento personal.

Verso para memorizar

«Una cosa he pedido al Señor, y esa buscaré: que habite yo en la casa del Señor todos los días de mi vida, para contemplar la hermosura del Señor y para meditar en su templo».

(Salmos 27:4)

Profundiza en la Palabra

- Salmos 63:1-8; 119:33-40
- Mateo 6:5-15
- 1 Timoteo 3:14–4:5

Día 1: Historias que edifican la fe

1 ¿Cómo definirías o describirías lo que significa tener una vida devocional?

El relato de «Historias que edifican la fe» de esta semana lo escribió Tim Grissom sobre su esposa, Janiece, poco antes de que le diagnosticaran la enfermedad de Lou Gehrig, enfermedad que le quitó la vida once meses después.

> Uno de mis amigos se burla de mí diciendo que mi esposa es mucho para mí. Tiene razón; a menudo me pregunto por qué Dios me ha bendecido con un alma gemela tan maravillosa. Mi esposa es amable, divertida, hospitalaria y generosa, no se queja de lo que no tenemos y expresa un aprecio genuino por lo que tenemos.
>
> Sin embargo, hay una característica que se destaca por encima de todas sus otras preciosas cualidades: ella camina en intimidad con Dios. No me refiero a una especie de arrogancia celestial, como si se creyera más santa que el resto, sino a que obedece a Dios, escucha lo que Él dice y luego lo hace. Eso no quiere decir que no tenga luchas espirituales, pero cuando las tiene, no culpa a sus circunstancias ni se pone de mal humor. Ella le pide a Dios que escudriñe su corazón y espera Su respuesta.
>
> Yo, por otro lado, a menudo me he resistido a Dios. Estoy bien familiarizado con la terquedad y con el orgullo, y aún no estoy completamente fuera de su control. Pero mi vida empezó a cambiar hace unos años; y gran parte de mi retorno a Dios fue el resultado del constante ejemplo de piedad de mi esposa.
>
> Hay razones por las que mi esposa es quien es. Hace años asistió al campamento de jóvenes de una iglesia, donde fue desafiada a leer su Biblia todos los días por un año. Cuando mi esposa hace una promesa, la cumple. Entonces, cuando hizo ese compromiso ante Dios, fue en serio. En ese tiempo, ella estaba en la escuela secundaria. En nuestras dos décadas de casados, nunca he visto que ella se pierda un solo día de su «tiempo de intimidad con Dios». (NOTA: Janiece mantuvo esta promesa cada día de su enfermedad. Incluso cuando la ELA dejó sus brazos sin fuerza, cada mañana hacía que uno de los niños o yo pusiéramos su Biblia en su regazo y la abriéramos en la lectura de ese día. Ella asentía

«En nuestras dos décadas de casados, nunca he visto que ella se pierda un solo día de su "tiempo de intimidad con Dios"».

con la cabeza cuando necesitaba que pasáramos la página. Solo en el último día de su vida, debido a que estaba sedada, no leyó su Biblia. Pero incluso entonces nos aseguramos de reproducir una grabación de audio de las Escrituras. Eso es lo que ella habría querido).

No digo estas cosas para poner a mi esposa en un pedestal. Ella no es perfecta, por supuesto. Mi punto es que tomarse fielmente unos minutos cada día para encontrarse con Dios en Su Palabra y en oración la han convertido en una mujer piadosa. Y su vida «conquistó mi corazón». Si me hubiera regañado, manipulado o ridiculizado por mi falta de crecimiento espiritual, solo habría logrado alejarme de querer crecer en Cristo. En cambio, ella experimentó una vida muy genuina de fe sencilla y de devoción a Cristo. Y me dio sed por lo que ella tenía.

Sé que muchas personas tienen historias apasionantes y eventos dramáticos en torno a su experiencia de avivamiento personal. No fue así para mí. Dios llamó mi atención durante un período de tiempo, y ha sido muy real y transformador. Junto con mi esposa, Dios ha cruzado a otras personas por mi camino que me han desafiado y me han ayudado a crecer espiritualmente. Sin embargo, el elemento clave ha sido alimentarme con frecuencia de Su Palabra, sobre todo en mi tiempo personal de devocional.

La Palabra de Dios ha sido como una medicina para reducir mi ira, mi preocupación y mi impaciencia. Ha actuado como un mapa para ayudar a nuestra familia a tomar decisiones o para corregir nuestros planes imprudentes. Ha traído luz para revelar trampas que a veces estaban escondidas en las sombras. La Palabra de Dios se ha convertido para nosotros en algo de lo que simplemente no podemos prescindir.

Le doy gracias a Dios por un orador de jóvenes que animó al grupo de campistas de escuela secundaria a leer sus Biblias. Le doy gracias a Dios por una joven que hizo ese compromiso y que lo mantuvo. Le doy gracias a Dios por Su Palabra y por cómo ha utilizado nuestras citas diarias con Él para acercarme más a Su presencia.[1]

«La Palabra de Dios se ha convertido para nosotros en algo de lo que simplemente no podemos prescindir».

2 ¿Qué cualidades desarrolló esta esposa como resultado de su fidelidad para leer la Palabra de Dios que hicieron que su esposo quisiera crecer en Cristo?

Salmos 42 es la oración de un hombre que está desesperado por Dios:

> 1 *Como el ciervo anhela las corrientes de agua,*
> *así suspira por ti, oh Dios, el alma mía.*
> 2 *Mi alma tiene sed de Dios,*
> *del Dios viviente;*
> *¿Cuándo vendré y me presentaré delante de Dios?*
> 8 *De día mandará el Señor su misericordia,*
> *y de noche su cántico estará conmigo;*
> *elevaré una oración al Dios de mi vida.* (vv. 1-2, 8)

3 ¿Cuánta sed tienes de Dios? ¿Qué te impide presentarte ante Él con más frecuencia de lo que lo haces?

día UNO

Día 2: Encuentro con la verdad

PRIMERO LO PRIMERO

A pesar de todos los dispositivos que nos ahorran tiempo y de la tecnología actual, muchos hoy en día sufren porque se sienten que van de prisa y están agotados, estresados, ocupados, con demasiados compromisos y abrumados todo el tiempo.

El verso para memorizar de esta semana (Salmos 27:4) es el testimonio de un hombre, el rey David, cuya vida dependía de una firme determinación: «Si no logro nada más en mi día, lo *único* que buscaré por encima de todo lo demás es conocer a Dios y desarrollar una relación con Él».

En un pasaje familiar del evangelio de Lucas, encontramos a dos hermanas, una de las cuales entendió (y la otra necesitaba aprender) la importancia de que lo primero sea lo primero. Lee el pasaje a continuación y luego medita en él respondiendo las preguntas a continuación:

> 38 *Mientras iban ellos de camino, Jesús entró en cierta aldea; y una mujer llamada Marta lo recibió en su casa.* 39 *Ella tenía una hermana que se llamaba María, que sentada a los pies del Señor, escuchaba su palabra.*
> 40 *Pero Marta se preocupaba con todos los preparativos. Y acercándose a él, le dijo: «Señor, ¿no te importa que mi hermana me deje servir sola? Dile, pues, que me ayude».*
> 41 *El Señor le respondió: «Marta, Marta, tú estás preocupada y molesta por* ***tantas cosas****;* 42 *pero* ***una sola*** *cosa es necesaria, y María ha escogido la parte buena, la cual no le será quitada».* (Lucas 10:38-42)

4 ¿Cómo se diferenciaban las prioridades de Marta de las de María?

____

____

____

5 ¿Cómo afectaron las prioridades y las elecciones de Marta su respuesta ante la presión, ante su familia y ante Jesús?

____

____

____

! Punto clave

Cultivar una relación íntima con Dios debería ser la prioridad número uno para cada creyente y requiere que nos tomemos el tiempo para sentarnos a los pies de Jesús y escuchar Su Palabra.

> "Deja que tu vida devocional sea el faro que te guíe a través del difícil terreno al que te enfrentarás."
>
> —Ravi Zacharias

6 ¿Cuál es la única cosa que eligió María que, según Jesús, era la única prioridad absolutamente necesaria?

"Esta prisa perpetua por los negocios y la compañía me daña el alma, y tal vez hasta el cuerpo. ¡Más soledad y más tiempo de madrugada! [...] Seguramente la experiencia de todos los hombres buenos confirma la afirmación de que sin la debida medida de devocionales privados, el alma se debilitará."

—William Wilberforce

7 ¿Cuáles son algunos de los síntomas de que podríamos haber estado descuidando nuestra relación personal con Jesús? ¿Qué podemos hacer al respecto?

8 Marta estaba distraída, preocupada por sus preparativos para la comida. ¿Cuáles son algunas de las cosas que te distraen y te impiden sentarte a los pies de Jesús y escucharlo?

9 Marca las siguientes palabras o frases que mejor describan cómo era tu vida devocional *antes* de comenzar este estudio.

- ❍ No existente o esporádica
- ❍ Una tarea
- ❍ Una obligación
- ❍ Por inercia
- ❍ Un deber
- ❍ Seca
- ❍ Rutinaria
- ❍ Constante
- ❍ Un gozo
- ❍ Un privilegio
- ❍ Espiritualmente indispensable
- ❍ Un deleite
- ❍ Espiritualmente nutritiva
- ❍ Comunión íntima con Dios

10 Si marcaste alguna casilla del lado izquierdo, identifica algunos de los obstáculos que te han impedido desarrollar una vida devocional significativa.

- Demasiado ocupado
- Dificultad para concentrarme
- Demasiadas distracciones
- Sin deseo real
- No sé cómo hacerlo
- No veo la necesidad de hacerlo
- Recibo mi alimento espiritual de la iglesia, de un estudio bíblico o de los medios de comunicación (radio cristiana, televisión o Internet)
- Otro: ________________________________

11 ¿Qué cambios debes hacer en tu agenda, en tu estilo de vida o en tus prioridades para poder pasar tiempo de calidad sentado a los pies de Jesús, escuchándolo hablar?

Introducción a una vida devocional

La idea de pasar tiempo a solas con Dios cada día puede ser nueva para ti. O puede ser algo que hayas hecho en el pasado. Aquí hay algunas sugerencias para ayudarte a desarrollar (o a reiniciar) un tiempo devocional diario con Dios.

Establece la prioridad. No intentes forzar tu tiempo devocional en un horario abarrotado; en su lugar, comienza a planificar tu día en torno a tu tiempo con el Señor.

día DOS

"Un hombre no puede recibir una provisión de gracia para el futuro más de lo que puede comer lo suficiente para los próximos seis meses, o tomar suficiente aire en sus pulmones de una sola vez para mantenerse con vida durante una semana. Debemos recurrir a la ilimitada reserva de la gracia de Dios día a día, según la necesitemos."

—D. L. Moody

Haz el compromiso. Si no lo hacemos hoy, probablemente no lo hagamos mañana, ni la semana que viene ni el mes que viene. Pronto habrá pasado otro año y habremos perdido todas esas oportunidades de pasar tiempo a solas con Dios y de desarrollar una relación íntima con Él. Al comenzar a tomar medidas para desarrollar una vida devocional constante, busca a alguien en quien confíes y pregúntale si puedes rendirle cuentas acerca de tu compromiso. Comparte lo que Dios te está enseñando y cómo estás creciendo a través de tu tiempo con Él.

Un desafío de 30 días

Si has llegado tan lejos en *En busca de Dios*, ya has disfrutado de algunos de los beneficios de pasar un tiempo constante en la presencia de Dios. Continuar con tu tiempo devocional es crucial para sostener la obra que Dios ha estado haciendo en tu corazón a lo largo de este estudio y para disfrutar de un nivel aún más profundo de intimidad con Él en el futuro.

Si ya tienes un hábito devocional establecido o si recién estás comenzando, considera tomar el siguiente compromiso:

Por la gracia de Dios, con el deseo de conocerlo más íntimamente, me propongo pasar tiempo a solas con el Señor en su Palabra y en oración, todos los días durante los próximos treinta días.

Firma ______________________________

Fecha ______________________________

Sé constante. Muchas personas han descubierto que es ideal (¡aunque no necesariamente fácil!) comenzar el día con la Palabra y la oración antes de que nuestras mentes se concentren en otras actividades y responsabilidades. Hay un amplio precedente en las Escrituras para un tiempo de intimidad con Dios matutino. Sin embargo, la hora del día no es tan importante como la

día DOS

constancia. Elige un momento y un entorno en el que puedas encontrarte con Dios con regularidad y no seas interrumpido o distraído fácilmente.

Elige un plan. Hay muchos libros útiles y guías de devocionales disponibles en tu librería cristiana local o incluso en la biblioteca pública. Una de estas herramientas o algún tipo de plan de lectura de la Biblia puede ayudarte a comenzar. Tu pastor o un amigo cristiano al que respetes pueden ofrecerte sugerencias. Busca un plan, un método o una herramienta que funcione mejor para ti según tu forma de ser, la etapa de la vida en la que te encuentres y tu madurez espiritual. (Hallarás algunas sugerencias sencillas en la sección de «Aplícalo a tu vida» del Día 4).

Incorpora otras prácticas. Tu vida devocional siempre debe incluir tiempo en la Palabra, en la oración y en la adoración. Sin embargo, en ocasiones, tal vez quieras incorporar otras actividades, como:

- escribir un diario
- orar y tomar decisiones importantes
- escribir notas de agradecimiento y de aliento
- organizar o reorganizar tu agenda (orar sobre qué hacer y cuándo)
- cantar himnos y coros de alabanza
- ofrendar a otros (determinar qué, cuánto y a quién)
- memorizar las Escrituras

Día 3: Encuentro con la verdad

LA PALABRA DE DIOS

Aquellos que aman y siguen la Palabra de Dios serán bendecidos, ese es el tema del salmo 119.

> 1 *¡Cuán bienaventurados son los de camino perfecto,*
> *los que andan en la ley del Señor!*
> 2 *¡Cuán bienaventurados son los que guardan*
> *sus testimonios, y con todo el corazón lo buscan!*

12 Encierra en un círculo las palabras en los versos anteriores que describan cómo deberíamos actuar ante Dios y Su Palabra.

13 ¿Qué nos dice cada uno de los siguientes versos del salmo 119 acerca de los beneficios o bendiciones que podemos obtener de la Palabra de Dios?

Salmos 119	Bendiciones encontradas a través de la Palabra de Dios
11 *En mi corazón he atesorado tu palabra, para no pecar contra ti.*	______________________
24 *También tus testimonios son mi deleite; ellos son mis consejeros.*	______________________
28 *De tristeza llora mi alma; fortaléceme conforme a tu palabra.*	______________________
47 *Me deleitaré en tus mandamientos, los cuales amo.*	______________________
98 *Tus mandamientos me hacen más sabio que mis enemigos, porque son míos para siempre.*	______________________
103 *¡Cuán dulces son a mi paladar tus palabras!, sí, más que la miel a mi boca.*	______________________
104 *De tus preceptos recibo entendimiento, por tanto aborrezco todo camino de mentira.*	______________________

Perspectiva adicional

El capítulo más largo de la Biblia, el salmo 119, es un homenaje afectuoso a la Palabra de Dios. Cada estrofa tiene ocho líneas, cada una de las cuales comienza con la misma letra del alfabeto hebreo. Las veintidós estrofas forman un acróstico que utilizan las veintidós letras del alfabeto hebreo consecutivamente.

En Esdras, encontramos un ejemplo bíblico de un hombre que tenía la intención de conocer a Dios a través de Su Palabra. Según Esdras 7:10, esto no fue algo que él tomó a la ligera:

> *[...]Esdras había dedicado su corazón a* ***estudiar*** *la ley del Señor, y a* ***practicarla****, y a* ***enseñar*** *sus estatutos y ordenanzas en Israel.*

14 ¿Qué tres cosas se propuso Esdras hacer en su corazón en relación con la Palabra de Dios?

Esdras no tenía una actitud casual hacia la Palabra de Dios. Se tomaba en serio estudiarla, meditarla, obedecerla y reproducirla en la vida de los demás.

15 ¿Cómo se compara el corazón de Esdras por la Palabra de Dios con su actitud hacia la Palabra? ¿Está tu corazón orientado hacia la Palabra de Dios? ¿Cuál de estas tres cosas anteriores necesitas en tu corazón para ser más constante?

Una ingesta constante de las Escrituras (leerlas, memorizarlas, estudiarlas, etc.) puede tener un resultado tanto correctivo como preventivo. La Palabra de Dios puede instruirnos, confrontar nuestros pensamientos o comportamientos incorrectos, corregirnos y redirigirnos cuando estamos descarriados, y equiparnos para el servicio en su reino (2 Timoteo 3:16-17). El conocimiento acumulado de toda la humanidad no se puede comparar con la sabiduría pura y llana de la santa Palabra de Dios.

Perspectiva adicional

Esdras era un hombre piadoso que guio a un grupo de judíos desde su exilio en Persia de regreso a su tierra natal en Jerusalén (alrededor del año 458 A.C.). Educado como escriba de la ley, llamó al pueblo de Dios a volver a la Palabra de Dios. El avivamiento que se produjo en consecuencia está registrado en Nehemías 8-10.

Punto clave

La ingesta constante de las Escrituras en nuestra mente, en nuestro corazón y en nuestra vida es esencial para sustentar la vida espiritual.

> "Tu éxito o tu fracaso están determinados por tu relación con la Palabra de Dios."
>
> —Crawford Loritts

Principalmente, es a través de la Palabra escrita e iluminada por el Espíritu de Dios que llegamos a conocer a Cristo, la Palabra viva, de manera profunda y personal. ¡Tu relación con Cristo nunca será mayor que tu relación con Su Palabra! ¡Qué pérdida es privarnos de las abundantes riquezas que ya están disponibles en Su Palabra!

Leer la Palabra de Dios es el punto de partida para desarrollar una relación creciente con Él. Pero la vida de Esdras demuestra que debemos hacer más que tan solo *leer* la Palabra.

16 Según los versos siguientes, ¿qué más hace falta para que la Palabra tenga el máximo impacto y efecto en nuestras vidas?

Josué 1:8; Salmos 1:2 ______________________

Salmos 119:56; Ezequiel 33:31-32; Santiago 1:22 ______________________

Hebreos 4:2 ______________________

17 Escribe una breve oración agradeciéndole a Dios por Su Palabra y expresando el deseo de tu corazón de estar lleno de Su Palabra y de disfrutar de una rica comunión con Él a través de ella.

____

____

____

____

____

día TRES

Día 4: Aplícalo a tu vida

Tómate un tiempo hoy para hacer lo que hizo María en Lucas 10: sentarse a los pies de Jesús y escuchar Su Palabra. Quizás ya hayas elegido un método o un plan que te guíe en tus devocionales. Si aún no lo has hecho, las siguientes sugerencias pueden ayudarte a comenzar. Por supuesto, no te sientas obligado a seguir este esquema. No existe una forma correcta de tener tu tiempo devocional; recuerda, la meta es cultivar una relación con Dios, ¡no tachar tus devocionales de tu lista de tareas!

A. Prepara tu corazón

- «Entren por sus puertas con acción de gracias, y a sus atrios con alabanza [...]» (Salmos 100:4). Adóralo, alábalo por quién es Él y exprésale tu agradecimiento por lo que ha hecho.
- Pídele a Dios que te muestre todo lo que pueda obstaculizar tu relación y comunión con Él. Confiésale todo pecado que Él te traiga a la mente.
- Pídele a Dios que aquiete tu corazón, te abra los oídos y te hable a través de Su Palabra. Pídele a su Espíritu Santo que sea tu maestro. Comprométete a obedecer todo lo que Él te muestre. Si quieres, puedes pronunciar estas oraciones de las Escrituras:

18 Abre mis ojos, para que vea
las maravillas de tu ley.
34 Dame entendimiento para que guarde
tu ley y la cumpla de todo corazón (Salmos 119:18, 34)

Señor, muéstrame tus caminos,
enséñame tus sendas.
5 Guíame en tu verdad y enséñame,
porque tú eres el Dios de mi salvación;
en ti espero todo el día. (Salmos 25:4-5)

Enséñame lo que no veo; si he obrado mal,
no lo volveré a hacer. (Job 34:32)

"Hay mayor descanso y consuelo en una hora en la presencia de Dios que en una eternidad en la presencia del hombre."

—Robert Murray M'Cheyne

> «Los primeros tres años después de la conversión, descuidé la Palabra de Dios. Desde que comencé a buscarla diligentemente, la bendición ha sido maravillosa. ¡He leído la Biblia cien veces y siempre con un deleite creciente!»
>
> —George Mueller

B. Escucha a Dios

Elige un capítulo o un pasaje de las Escrituras. (Lo ideal sería que practiques la lectura consecutiva de libros enteros o de secciones completas de la Biblia en tu tiempo devocional). Lee los pasajes con atención y oración. Subraya o resalta palabras, frases o versos clave que te llamen la atención.

Hay muchos enfoques diferentes para leer y meditar en las Escrituras. Este es un método simple que muchas personas han encontrado útil. (Incluso los niños pueden hacer esto, algunos desde los nueve o diez años). Todo lo que necesitas es tu Biblia, un bolígrafo y un cuaderno o diario en blanco (o tal vez prefieras utilizar tu computadora).

El método R-A «(Resumen-Aplicación)»: Escribe tu propio «comentario» breve sobre el pasaje. A medida que leas cada capítulo, registra lo siguiente:

- *Resumen:* una o dos oraciones que resuman el capítulo («¿Qué dice este pasaje?»)
- *Aplicación:* una o dos frases de aplicación personal que expresen cómo algo de ese capítulo se puede aplicar a tu vida: cómo te habló personalmente («¿Qué significa este pasaje para mí? ¿Qué debo hacer?»). La aplicación debe ser personal y puede incluir promesas que puedas reclamar, advertencias a las que debas atender, verdades que debas obedecer, actitudes o comportamientos que debas ajustar, etc.

C. Respóndele a Dios

Una vida devocional significativa es un diálogo; Dios nos habla a través de Su Palabra y la guía de Su Espíritu Santo. Nosotros le respondemos con amor, gratitud, fe, entrega y obediencia. La oración nos permite tener comunión con Dios a través de la alabanza, la acción de gracias, la confesión de pecados, la súplica por nuestras necesidades y la intercesión por las de los demás. Nuestra vida devocional puede convertirse en el momento y el lugar en el que tomamos nuestras decisiones más importantes. ¿Qué mejor lugar que la presencia tranquila, santa e íntima de nuestro Padre celestial?

Durante o después de tu tiempo en la Palabra, respóndele a Dios en oración y alabanza:

1. Ponte de acuerdo con Él acerca de lo que te ha revelado en Su Palabra. Rinde tu voluntad para obedecer Sus mandamientos y seguir todos los pasos que Él te esté guiando a dar; confiesa todo pecado que te muestre y reclama las promesas que Él ha hecho a través de Su Palabra.
2. Alábalo y adóralo por lo que ha revelado acerca de Su corazón, de Su carácter y de Sus caminos.
3. Presenta tus necesidades ante Él. Pídele a Dios que te muestre cómo orar por esas necesidades de acuerdo con Su voluntad, como se revela en su Palabra.
4. Preséntale las necesidades de los demás. Según lo que te muestre, ora por tu familia, tu iglesia, tu comunidad, tu país y el avance de Su reino en todo el mundo.

Cierra tu tiempo hoy personalizando el verso para memorizar de esta semana y orando al Señor:

Una cosa he pedido al Señor,
y esa buscaré:
que habite yo en la casa del Señor
todos los días de mi vida,
para contemplar la hermosura del Señor
Y para meditar en su templo. (Salmos 27:4)

"Recuerda que no es una lectura apresurada, sino una meditación seria sobre las verdades santas y celestiales lo que las hace tener un sabor dulce y provechoso para el alma."

—George Mueller

Día 5: ¿Qué hacer a partir de ahora?

BÚSCALO PARA UN AVIVAMIENTO CONSTANTE

«[…] viva su corazón, ustedes los que buscan a Dios» (Salmos 69:32). ¿Lo has estado buscando a lo largo de este estudio? Si es así, ¡Dios ha prometido avivar tu corazón! Quizás ya estés experimentando muchas de las bendiciones y alegrías del avivamiento personal.

¿Cómo ha traído Dios avivamiento a tu corazón a través de este estudio? Tómate un tiempo para pensar y registra tu respuesta a esta pregunta. (Si vas a realizar este estudio con un grupo, tendrás la oportunidad de compartir tu respuesta cuando se reúnan).

¿Dónde estabas espiritualmente cuando comenzaste *En busca de Dios*? ¿Cómo te ha cambiado Dios? ¿Existe alguna verdad en particular (por ejemplo, humildad, sinceridad, conciencia limpia, perdón, pureza sexual) que haya modificado especialmente tu vida? Explica.

En este punto, puede que te estés preguntando: *«¿Qué hago a partir de ahora? No quiero perder el avivamiento que Dios ha comenzado en mi corazón durante este estudio»*.

Punto clave !

Lo que se necesita para obtener un avivamiento es lo mismo que se necesita para mantenerlo.

Recuerda esto: lo que se necesita para obtener un avivamiento es lo mismo que se necesita para mantenerlo. Las verdades básicas que Dios ha estado usando durante este viaje para liberarte: humildad, arrepentimiento, honestidad, santidad, obediencia, conciencia limpia, perdón, andar en el Espíritu, son las mismas verdades que te permitirán experimentar un avivamiento continuo.

Por eso es importante seguir volviendo a estos mismos principios fundamentales, una y otra vez, y grabarlos en tu mente, corazón y vida. Revisa periódicamente los puntos clave de cada lección; repite los ejercicios de «Aplícalo a tu vida» de vez en cuando, para asegurarte de seguir caminando en la verdad que nos libera.

Mientras sigues caminando con Dios, pregúntale cómo puedes ser usado como un instrumento de avivamiento. Encuentra uno o dos creyentes que tengan el mismo corazón y comiencen a orar juntos por un avivamiento en sus hogares, en sus iglesias, en su comunidad y en el mundo. Comparte con los demás lo que Dios está haciendo en tu corazón y en tu vida. Considera la posibilidad de repasar este estudio con una o más personas que conozcas que tengan el deseo de buscar al Señor y experimentar el gozo del avivamiento personal.

Una bendición

> [20] *Y a Aquel que es poderoso para hacer todo mucho más abundantemente de lo que pedimos o entendemos según el poder que obra en nosotros,* [21] *a Él sea la gloria en la iglesia y en Cristo Jesús por todas las generaciones, por los siglos de los siglos. Amén.* (Efesios 3:20-21)

¿Cómo te anima esta bendición con respecto al proceso continuo de avivamiento en tu vida?

¿De qué manera te da esperanza al orar y creer en Dios por un derramamiento de Su Espíritu en avivamiento en nuestro mundo?

"No podemos organizar un avivamiento, pero podemos poner nuestras velas para atrapar el viento del cielo cuando Dios elija soplar sobre su pueblo una vez más."

—G. Campbell Morgan

[1] Para obtener más ayuda práctica en el desarrollo de una vida devocional diaria significativa, ver *En la quietud de su presencia* (Editorial Portavoz) y *A 30-day walk with God in the Psalms* [Una caminata de 30 días con Dios en los Salmos] (© 2002, Moody), ambos de Nancy DeMoss Wolgemuth.

Buscándole juntos

Inicio

1. En general, ¿te identificas más con Marta o María en el pasaje que vimos de Lucas 10? ¿En qué sentido?

> "Los cristianos debemos simplificar nuestras vidas o perder tesoros incalculables en la tierra y en la eternidad. La civilización moderna es tan compleja que hace casi imposible la vida devocional. Nunca ha habido tanta necesidad de soledad y quietud como hoy."
>
> —A. W. Tozer

Discusión

2. Revisa el relato de «Historias que edifican la fe». ¿Qué factores motivaron a Tim para establecer un tiempo con Dios y Su Palabra como una prioridad?

3. ¿Se te ocurre alguien cuyo ejemplo haya sido un desafío y una motivación para ti en este asunto de una vida devocional?

4. Según lo que estudiaste en esta lección, ¿cuáles son algunos de los beneficios y bendiciones de tener una vida devocional constante? ¿Por qué debe ser esto una prioridad para cada creyente?

5. ¿Qué obstáculos o trabas has experimentado en relación con tu vida devocional? Comparte cualquier idea práctica que te haya sido útil para superar esos obstáculos y para desarrollar una vida devocional significativa.

6. ¿Por qué es tan vital una vida devocional para experimentar un avivamiento personal continuo?

7. Júntate con otra persona por un momento (idealmente, con alguien con quien hayas orado antes en este estudio) y compartan cualquier cosa cualquier compromiso que hayan hecho al realizar esta lección. Pónganse de acuerdo en cómo pueden ayudarse mutuamente y rendir cuentas durante los próximos treinta días por cualquier cosa que Dios haya puesto en sus corazones en relación con su vida devocional.

8. Vuelvan a reunirse como grupo para reflexionar sobre estas últimas semanas. ¿De qué manera Dios ha traído un avivamiento a sus corazones y ha cambiado sus vidas a través de este estudio? ¿Hay alguna verdad en particular (humildad, sinceridad, conciencia limpia, perdón, pureza sexual u otra) que haya tenido un impacto especial en sus vidas? Expliquen.

"No quiero mirar hacia atrás en mi vida y ver innumerables mañanas retrasando la alarma cuando podría haber estado en la sala del trono del Dios Altísimo."

—Leslie Ludy

+ *Consejo para el líder*

Reserven algo de tiempo para esta parte para que no tengan prisa en este tiempo de cierre en el que compartiremos y oraremos. Aprovechen esta oportunidad para regocijarse en lo que Dios ha estado haciendo en su grupo y para ser honestos los unos con los otros y con el Señor.

Buscándole juntos

Ora por avivamiento

Pasen un tiempo prolongado en oración, ya sea en grupo o en grupos más pequeños de dos a cuatro personas. Permitan que el Espíritu dirija su tiempo de oración. Hagan oraciones breves para que todos los que lo deseen puedan orar en voz alta tantas veces como el Espíritu los guíe.

- **ALABEN** a Dios por lo que les ha enseñado acerca de Su corazón y Sus caminos, y por lo que ha hecho en sus corazones y en sus vidas en estas semanas.
- **OREN** unos por otros. Oren de manera consciente con respecto a las luchas que otros están experimentando en su caminar con Dios (sean discretos). Oren para que en los días venideros cada persona de su grupo continúe buscando al Señor y experimente el gozo y la libertad del avivamiento personal.
- **OREN** por un gran mover del Espíritu de Dios en un avivamiento genuino en sus hogares, en su iglesia, en su país y alrededor del mundo.

Sugerencias

PARA LÍDERES DE GRUPOS

El rol del líder

El líder de un grupo pequeño de *En busca de Dios* es más un facilitador que un maestro. Como facilitador, brindará orientación para mantener al grupo encaminado durante cada reunión. También planteará preguntas para iniciar la discusión.

La sección «Buscándole juntos» al final de cada capítulo está diseñada para la discusión en grupo. Incluye ideas para iniciar la conversación (Inicio), preguntas de debate (Discusión) e indicaciones de oración (Ora por avivamiento). No dudes en adaptar el material según tu situación particular (y el tiempo que tengas disponible). Tal vez prefieras omitir o revisar algunas preguntas para satisfacer mejor las necesidades de tu grupo. Agrega ejemplos específicos o historias propias que ilustren las verdades enfatizadas en la lección de esa semana.

Organiza a tu grupo

- **Comparte el liderazgo.** Considera la posibilidad de sumar a un asistente o colíder. Esta persona puede ayudarte a contactar a los miembros, darte una retroalimentación valiosa y reemplazarte si debes ausentarte. O quizás tu grupo desee rotar el liderazgo. Este enfoque tiene algunas ventajas si cada líder está dispuesto a dedicar el tiempo necesario para la preparación antes de la reunión.

- **Tamaño:** Para una máxima eficacia, el tamaño del grupo debe limitarse a unos diez o doce miembros. Esto les dará a todos la oportunidad de participar activamente. Si tiene más de doce participantes, considera dividirlos en dos o más grupos con un líder para cada uno. Los grupos pueden estar compuestos solo por hombres, mujeres o ambos.
- **Tiempo:** De ser posible, deja noventa minutos (o más) para el tiempo de discusión, intercambio y oración. Si el grupo no puede reunirse tanto tiempo, las sesiones pueden acortarse seleccionando preguntas específicas de discusión entre las proporcionadas por el líder.
- Para obtener más consejos sobre el liderazgo eficaz de grupos pequeños, descarga el libro electrónico gratuito *Small group leadership made simple* [Liderazgo de grupos pequeños simplificado] en ReviveOurHearts.com/small-groups.

Lidera con excelencia

1. **Sé tanto un miembro como un lider de grupo.** Trabaja con el material de cada unidad tal como esperas que lo hagan los demás en tu grupo. Permite que Dios trabaje en tu corazón. Tu mayor tarea al prepararte es tener una relación correcta con Dios para que puedas conocer y someterte bajo el liderazgo del Espíritu Santo.

2. **Haz que toda la experiencia sea cálida y abierta.** Asegúrate de que el lugar de reunión sea tranquilo, cómodo y con la iluminación adecuada. Siéntense en círculo o alrededor de una mesa para que todos puedan tener contacto visual. Si el tiempo lo permite, brinda refrigerios y oportunidades para que las personas interactúen de manera más informal.

3. **Reconoce que algunos miembros de tu grupo pueden no estar familiarizados entre sí.** Ten esto en cuenta, sobre todo en las primeras reuniones, y trata de que los miembros se abran entre sí y se

acerquen de forma amistosa. A medida que los participantes se sientan más cómodos entre sí, la discusión pasará a un nivel más profundo.

4. **Sé sensible.** Muchos de los temas que se tratan en este libro tratan de experiencias y sentimientos personales profundos a medida que Dios obra en el corazón de las personas. Estas cosas no siempre son fáciles de compartir con otros en un entorno grupal, mucho menos si los miembros no se conocen bien entre sí. Crea una atmósfera cálida y amable en la que las personas se sientan libres para compartir entre sí. Escucha atentamente lo que dicen los demás. Modela franqueza y vulnerabilidad, equilibradas con tacto.

5. **Haz hincapié en la confidencialidad.** Debido a la naturaleza delicada de este estudio, es importante enfatizar la confidencialidad en tu primera reunión para que los miembros del grupo se sientan seguros a la hora de compartir. Si bien se debe esperar que los miembros del grupo mantengan la confidencialidad de la discusión, puede haber ocasiones en las que necesites comunicarte con el liderazgo de la iglesia si surgen circunstancias dentro del grupo que requieran participación o supervisión pastoral.

6. **Debes estar preparado, pero también ser flexible.** Debes estar equipado para guiar al grupo a través de cada segmento y transición de la reunión, pero permite que el Espíritu Santo guíe la sesión. Puedes llegar a cierto punto durante la discusión en el que es obvio que Dios está obrando de una forma inusual. No tengas prisa por avanzar y dale a Dios tiempo y libertad para obrar.

7. **No te preocupes por los silencios.** No te preocupes por el silencio después de hacer una pregunta. Dales tiempo a los miembros para que piensen o formulen sus respuestas. Si el silencio ha durado lo suficiente o si la respuesta es mínima, reformula la pregunta o haz que sea más específica.

8. **Pídeles su retroalimentación.** Después de la primera o segunda sesión, pídeles a los miembros del grupo cuyo criterio valores que te ofrezcan retroalimentación. Pregúntales qué estás haciendo bien y dónde podrías mejorar tu enfoque para dirigir las sesiones. Luego, con espíritu de oración, planifica implementar cambios basados en esta información o crítica.

9. **Ora por cada sesión y por cada miembro del grupo.** ¡Confía en que Dios traerá el avivamiento y agradécele cuando llegue!

10. **Determina cómo orarán juntos.** Además de utilizar los ejercicios de oración grupal cada semana, anima a los miembros a orar unos por otros entre las horas de reunión. Si bien compartir los pedidos de oración puede ayudar al grupo a conectarse a nivel del corazón, debes evitar sacrificar el tiempo de discusión del estudio. Las formas creativas de compartir pedidos de oración pueden incluir:

- Limita las solicitudes y las oraciones a los primeros o últimos diez minutos del tiempo grupal semanal.
- Invita a los miembros a que escriban pedidos de oración en fichas individuales y a que las intercambien cada semana junto con el compromiso de orar unos por otros.
- Pídeles a los miembros del grupo que escriban sus pedidos en un cuaderno, y tú o tu colíder los escribirán y enviarán por correo electrónico o mensaje de texto al grupo cada semana.
- Inicia un grupo de texto para intercambiar información y solicitudes de oración en la semana.

NOTA: *Ve a* SeekingHim.com *para encontrar valiosos recursos de avivamiento en línea, así como información sobre recursos complementarios relacionados con* En busca de Dios *para tu iglesia o grupo pequeño.*

Agradecimientos

En busca de Dios es el resultado de un esfuerzo colaborativo que ha pasado por múltiples etapas y ediciones. Es el aporte de muchas personas, incluidas las siguientes:

- *Del Fehsenfeld Jr.* Desde 1971 cuando fundó Life Action Ministries hasta su partida como resultado de un tumor cerebral en 1989, Del reflejó, predicó y enseñó los principios que forman la base de *En busca de Dios*.
- *Los avivadores y el personal de Life Action Ministries* originalmente desarrollaron muchos de los conceptos presentados en este material.
- *El equipo de Moody Publishers* se ha asociado con nosotros en este proyecto desde el principio.
- *Erik Wolgemuth* (Wolgemuth & Associates) sirvió de enlace entre los autores y la editorial de la edición actual.
- *Tim Grissom* escribió la mayoría de los relatos de «Historias que edifican la fe» y porciones importantes del material de «Encuentro con la verdad».
- *Nancy DeMoss Wolgemuth* escribió la mayoría de las secciones de «Aplícalo a tu vida» y partes importantes del material de «Encuentro con la verdad», y se desempeñó como editora principal.

Acerca de los autores

Nancy DeMoss Wolgemuth es la fundadora y la maestra bíblica principal de *Aviva Nuestros Corazones*, un ministerio que se dedica a llamar a las mujeres a la libertad, plenitud y abundancia en Cristo. El amor de Nancy por Cristo y su pasión por Su Palabra son evidentes a través de sus alcances impresos, los recursos de audio y video, recursos digitales y las conferencias. Se han vendido millones de ejemplares de sus libros y están llegando a los corazones de mujeres alrededor del mundo. Nancy y su esposo, Robert, viven en Michigan.

Tim Grissom es un escritor independiente que vive en Little Rock, Arkansas. Participa activamente en los ministerios de equipamiento bíblico y ministerios dirigidos a hombres en la Iglesia Summit, y anteriormente se desempeñó como director de FamilyLife Publishing. Tim es autor de numerosos artículos y ha contribuido a varios libros y planes de estudio. Él y su esposa, Janiece (quien ya está con el Señor), tienen cuatro hijos adultos.

Más de Nancy DeMoss Wolgemuth

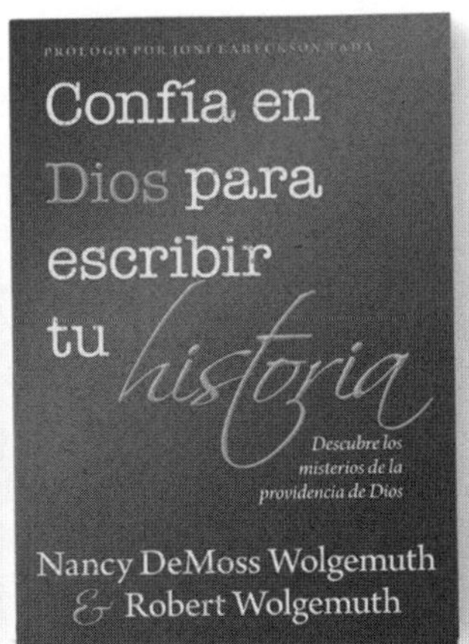

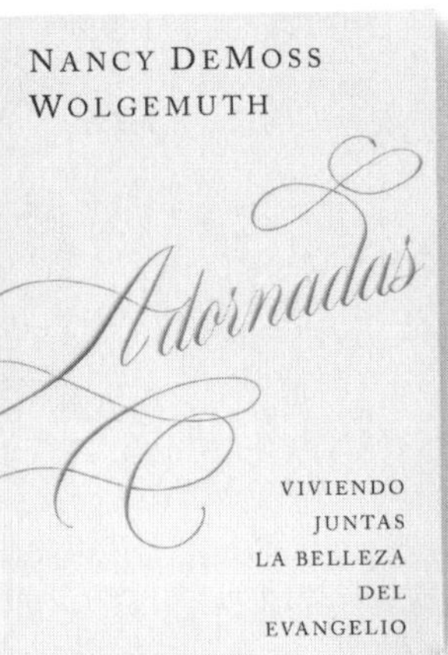

AvivaNuestrosCorazones.com